Demokratie Start

Wirtschafts- und Sozialkunde für die Ausbildungsvorbereitung (AV) im Saarland

Altmeyer · Klein · Zimmermann

2. Auflage

VERLAG EUROPA-LEHRMITTEL
Nourney, Vollmer GmbH & Co. KG
Düsselberger Straße 23
42781 Haan-Gruiten

Europa-Nr.: 60163

Autoren:
Michael Altmeyer, StD, Dillingen
Wolfgang Klein, OStD, Saarbrücken
Tim Zimmermann, StD, St. Ingbert

Arbeitskreisleitung:
Wolfgang Klein, OStD

Projektleitung und Lektorat:
Dr. Rainer Maurer

Der Abdruck der Landmarke „Saarpolygon“ auf dem Coverfoto erfolgt mit
freundlicher Genehmigung des „BergbauErbeSaar e. V.“ (https://www.bergbauerbesaar.de).
Nähere Informationen erfährst Du unter dem QR-Code.
Dort kannst Du auch einen „virtuellen Rundflug“ machen.“

https://www.bergbauerbesaar.de

2. Auflage 2024, Nachdruck 2025

Druck 5 4 3 2

Alle Drucke derselben Auflage sind parallel einsetzbar, da sie bis auf die Korrektur von Druckfehlern identisch sind.

ISBN 978-3-7585-6316-4

Bei Fragen zur Produktsicherheit wenden Sie sich bitte an produktsicherheit@europa-lehrmittel.de.

Gestaltung, Umschlag und Satz: Punkt für Punkt GmbH · Mediendesign, 40549 Düsseldorf
Umschlagkonzept: tiff.any GmbH, 10999 Berlin

Druck: Plump Druck & Medien GmbH, 53619 Rheinbreitbach

Vorwort

„Demokratie Start" ist ein modernes, kompetenzorientiertes **Arbeitsheft** für das Fach **„Wirtschafts- und Sozialkunde"** an der einjährigen **Schulform „Ausbildungsvorbereitung (AV)"** im Saarland. Die Schulform führt nach erfolgreichem Abschluss zum Erwerb des Hauptschulabschlusses (Deutscher Qualifikationsrahmen **DQR Niveau 2**).

Grundlegendes Ziel des Faches in der Ausbildungsvorbereitung ist die **Förderung von Kompetenzen,** die für einen erfolgreichen Start in die **berufliche Lebenswelt** unabhängig kultureller und sozialer Herkunft und für eine **gelingende Integration** erforderlich sind. Die Schülerinnen und Schüler sollen befähigt werden, eine ihren Fähigkeiten und Interessen **angemessene Berufswahl** zu treffen, einen entsprechenden **Ausbildungsplatz** zu finden und als **Teil der Berufswelt** konstruktiv mitzuarbeiten. Sie sollen unterstützt werden, eine **selbstständige Lebensführung** zu bewältigen und als gleichberechtigte Mitglieder an unserer **demokratischen und pluralistischen Gesellschaft** aktiv teilzuhaben.

„Demokratie Start" wurde nach dem **Lehrplan Wirtschafts- und Sozialkunde von 2020** verfasst.
Das Arbeitsheft ist so gegliedert, dass alle **sechs Lerngebiete** des Lehrplans abgebildet sind.
Die Themenauswahl und -reihenfolge spiegeln das Ziel wider, den Schülerinnen und Schülern **Orientierung, Mitarbeit und Integration** in Schule und Berufswelt zu ermöglichen. Durch **Schwerpunktbildung** innerhalb der Themen wurde den Zeitansätzen des Lehrplans Rechnung getragen. Sie ist als Empfehlung zu sehen und kann in **Zusammenarbeit mit anderen Fächern** oder aus aktuellem Bezug sachlogisch angepasst werden.

Das **didaktische Konzept der Handlungs- und Kompetenzorientierung** soll dem WiSo-Unterricht zugrunde liegen. Neben dem **grundlegenden Erwerb von Fachwissen** ist es wichtig, die gewonnenen Kenntnisse und **Fähigkeiten in Handeln umsetzen** zu können. Daher ist eine enge Verzahnung mit dem Fach Berufliche Grundkompetenz, aber auch mit den anderen allgemeinbildenden Fächern herzustellen.

Dieses Arbeitsheft unterstützt als **Teil dieses handlungs- und kompetenzorientierten Unterrichts** eine problemorientierte Auseinandersetzung mit wirtschaftlichen und sozialen Themen aus der **Lebenswelt der Jugendlichen.** Zudem bietet das Arbeitsheft einen grundlegenden Einblick in politische Themen.
So entwickelt sich eine **gesellschaftliche Handlungskompetenz**, die dazu beitragen soll, Demokratie zu erleben und aktiv mitzugestalten.

Wirtschafts- und Sozialkunde ist ein **Fach, das dem fortwährenden gesellschaftlichen Wandel unterliegt.** Dem wurde in diesem Arbeitsheft bei der Aufgabenauswahl und bei der methodischen Konzeption Rechnung getragen.

Die Aufgaben sind durch die Integration **digitaler Lernangebote** so konzipiert, dass ein flexibles Unterrichten möglich ist. Im Sinne eines **Crossmedialen Lernens** werden die **Vorteile gedruckter und digitaler Medien** genutzt. Dies geschieht zuweilen mit Hilfe von **QR-Codes**. Die digitale Welt wird mit dem Arbeitsheft verknüpft und die **Medienkompetenz** der Schülerinnen und Schüler gestärkt.

Die Verwendung nur eines grammatikalischen Geschlechts dient ausschließlich der Erleichterung des Leseflusses.

Ihr Feedback ist uns wichtig.

Wenn Sie mithelfen möchten, dieses Buch für die kommenden Auflagen zu verbessern,
schreiben Sie uns unter lektorat@europa-lehrmittel.de.
Ihre Hinweise und Verbesserungsvorschläge nehmen wir gerne auf.

Lerngebiet 1: Eine Gemeinschaft mitgestalten

Lerngebiet 2: Sich in der Berufswelt zurechtfinden

Lerngebiet 3: Konflikte und Probleme bewältigen

Lerngebiet 4: Verantwortungsvoll wirtschaften

Lerngebiet 5: Moderne Medien reflektiert nutzen

Lerngebiet 6: In einem demokratischen Staat leben

Lerngebiet 1: Eine Gemeinschaft mitgestalten

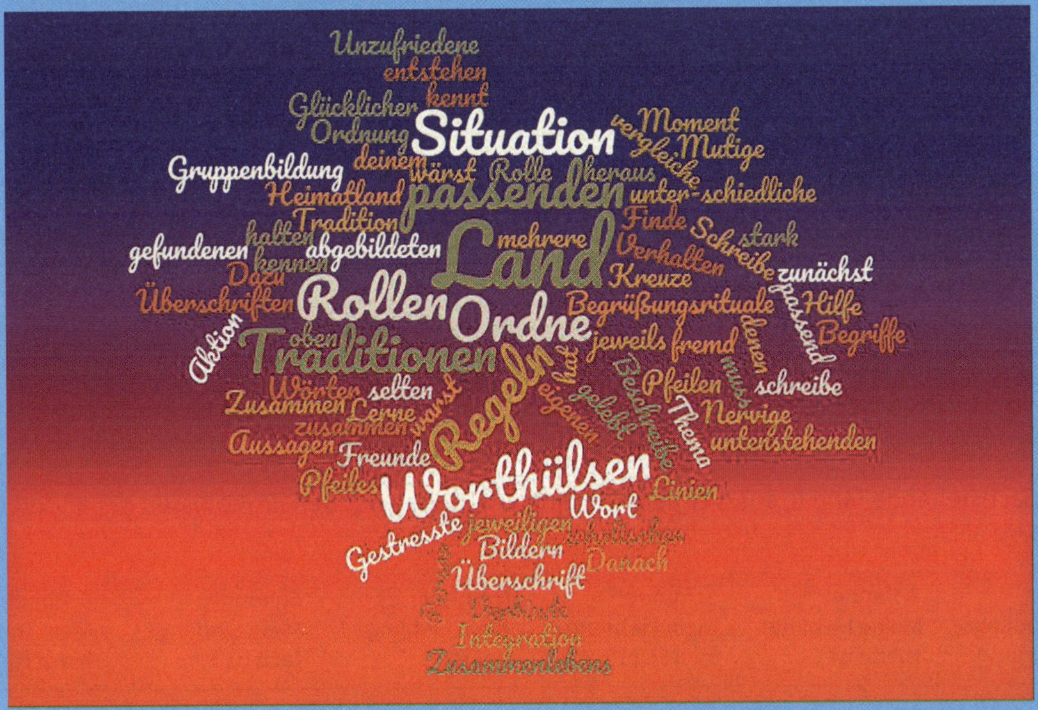

1 Gruppenbildung und Integration

2 Verhaltensweisen in der Berufs- und Schulwelt

1 Gruppenbildung und Integration

1.1 „Ordnung muss sein" – Regeln des schulischen Zusammenlebens

Zusammen sind wir stark. Dazu müssen wir uns alle an Regeln halten.

1. Ordne die Worthülsen so zusammen, dass ein Wort oder Wörter passend zum Thema „Regeln" entstehen. Verbinde zunächst die passenden Worthülsen mit Hilfe eines Pfeiles.
2. Danach schreibe die gefundenen Begriffe und Aussagen auf die untenstehenden Linien.

Pünkt ... | ausreden ... | ... hören | sich im Unterricht ...

... zu | ... Beleidigungen | ... beteiligen | ... schreien

... lassen | ... lichkeit | aktiv ...

... melden | keine ... | keine ... | ... Beschimpfungen

Rücksicht ... | nicht ... | ... nehmen

1.2 „Deine Klasse, Deine Gruppe" – Besonderheiten und Gemeinsamkeiten in der Klasse

1. Fülle die nachstehende Tabelle aus. Vergleiche Deine Ergebnisse mit den Ergebnissen der anderen Mitschüler.

1. Runde: Meine Lieblingsbeschäftigung ist ...	2. Runde: Meine Lieblingsspeise ist ...	3. Runde: Mein Lieblingssport ist ...	4. Runde: Mein Lieblingstier ist ...	5. Runde: Mein Lieblingsfach ist ...	6. Runde: Mein Traumberuf ist ...

2. Stellt Euch nach jeder Runde mit den Schülern zusammen, die dieselbe Wahl getroffen haben.
3. Erkläre den Gruppenmitgliedern die Gründe für Deine Wahl.

2 Verhaltensweisen in der Berufs- und Schulwelt

2.1 „Wer bin ich" – Es kommt auf die Rolle an

1. Ordne den Bildern die jeweils passende Umschreibung (a bis f) zu.

© pressmaster – stock.adobe.com

© Antonioguillem – stock.adobe.com

© JackF – stock.adobe.com

© Andrew – stock.adobe.com

© Stephane – stock.adobe.com

© Sabphoto – stock.adobe.com

a Mutige Aktion
b Kundenreklamation
c Nervige Situation
d Glücklicher Moment
e Ohne Freunde
f Partner/in verlassen

2. In welcher der oben abgebildeten Situation/Rolle warst Du schon? Kreuze sie an.

3. Beschreibe Dein Verhalten, wenn Du in der jeweiligen Situation/Rolle wärst.

4. Ordne eine oder mehrere Begrüßungsrituale den Rollen 1 und 2 jeweils zu.

Rolle 1	Rolle 2	Begrüßung	Wähle aus
Vorgesetzter	Mitarbeiter		Handschlag, Umarmung, Abklatschen, Faustgruß, Nicken
Spieler einer Fußballmannschaft	Spieler derselben Fußballmannschaft		
Lehrer	Schüler		
Freund	Freund		
Eltern	Kinder		

2.2 „Mit und von anderen lernen“ – Kulturelle Vielfalt als Chance sehen

1. Schreibe Deinen Vornamen senkrecht auf. Notiere hinter jedem Buchstaben ein Land oder eine Stadt, die mit diesem Buchstaben beginnt. Beispiel: „Peter“

   P Peru
   E England
   T Türkei
   E Essen
   R Reykjavik

2. Aus welchen Ländern stammen die aufgezählten Produkte? Kreuze an, welche Produkte Du kennst und welche Du am liebsten magst.

Produkt	Land	Mag ich	Kenn ich
Currywurst			
Kebap			
Tapas			
Crêpes			
Pilaw	Afghanistan		
Hummus	Syrien		
Nutella			
Pierogi	Polen		
...			

3. Ergänze die Tabelle mit weiteren Produkten, die Du magst.

Jedes Land hat seine eigenen Traditionen. Nur selten kennt man diese. Daher sind sie einem fremd. Lerne unterschiedliche Traditionen kennen und vergleiche sie mit denen aus Deinem Heimatland.

1. Finde das Land heraus, wo diese Tradition gelebt wird.
   Gib dazu den Text unter den Bildern in Deine Suchmaschine ein. Schreibe das entsprechende Land in die Kästchen unter den Bildern.

2. Ordne die Kästchen den passenden Bildern zu (mit Pfeilen).

© satura_ – stock.adobe.com

© Rawpixel.com – stock.adobe.com

© artfocus – stock.adobe.com

© phatymak – stock.adobe.com

Give thanks und iss Truthahn	Färben, verstecken, suchen, essen	Silvester und die Glückstrauben	Tschüss St.-Knut ...
______	______	______	______

3. Beschreibe den Ablauf der Feste und Traditionen in dem jeweiligen Land.

4. Finde ähnliche Feste und Traditionen aus Deinem Heimatland.

5. Suche im Internet nach typischen Traditionen aus drei anderen Ländern Deiner Wahl. Viele andere Länder findest Du im Kartenteil am Ende des Arbeitsheftes.

2.3 Rassismus? Nein danke! – Ursachen, Erscheinungsformen und Abwehrmöglichkeiten von Fremdenfeindlichkeit

1. Löse das Kreuzworträtsel und finde das Lösungswort.

Rassismus – nein Danke!

Miteinander statt Gegeneinander

Horizontal:

4. Viele Menschen müssen Ihr Heimatland verlassen, sie wandern aus.
3. Ich werde wegen meiner Religion ausgeschlossen. Das nennt man ...
1. Mutig gegen Gewalt und Rassimus auftreten.
8. Flüchtlinge müssen ... fürchten.
5. Kontrollverluste können zu ... führen.

Vertikal:

6. Deutschlands rassistische Zeit.
9. Es gibt viele ..., die zu Rassismus führen können.
7. ... ist der Nährboden für Rassismus.
2. Schutz gegen Diskriminierung ist ein zentrales ...

Lösungswörter:

Gewalt – Vorurteile – Migration – Ablehnung – Menschenrecht – Zivilcourage – Diskriminierung – Nationalsozialismus – Unwissenheit

Lösungwort:

1	2	3	4	5	6

Schaue Dir den nachstehenden Erklärfilm an. Beantworte dann die untenstehenden Fragen.

https://film.bpb.de/system/files/videos/converted/1043/1043_mp4_high.mp4#t

2. a) Wo kann man auf fremdenfeindliches Verhalten treffen?

b) Wieviel Menschen mit Migrationshintergrund geben an bei der Wohnungssuche benachteiligt zu sein?

____

____

c) Nenne zwei Profifußballer, die bereits rassistische Erfahrungen gesammelt haben.

____

____

d) Was sind mögliche Folgen für Menschen, die rassistisch verfolgt werden?

____

____

e) Wieviel Prozent der Menschen mit Migrationshintergrund werden am Arbeitsmarkt benachteiligt?

____

____

f) In welchem Jahr war der traurige Höhepunkt von Anschlägen auf geflüchtete Menschen?
Wie viele Anschläge waren es?

____

____

g) Wofür steht die Abkürzung NSU?

____

____

h) Nenne zwei Möglichkeiten, wie Du etwas verändern kannst?

____

____

3. Beschreibe, was Du auf der Karikatur siehst.

____

____

____

____

© Dave Vaughan

4. Fülle die leere Sprechblase aus. Was könnte der Polizist antworten?

____

____

____

5. Was will uns diese Karikatur sagen?

____

____

____

____

2.4 „Das schwache Geschlecht?“ – Selbstbestimmung bei der Berufswahl

1. a) Schreibe spontan drei Berufe auf, die für Dich in Frage kämen.

____

____

____

© Yakobchuk Olena – stock.adobe.com

b) Beschreibe in Stichworten: Welches „Image“ haben die ausgewählten Berufe für Dich? Warum?

____

____

____

c) Diskutiert in der Klasse: Welche Gemeinsamkeiten haben Berufe, die entweder einem guten oder schlechten Image zugeordnet wurden.

Viele Berufe werden noch heute als „Männer“- oder „Frauen“-Berufe bezeichnet.
Diese alten, überholten Rollenbilder sind in der Gesellschaft teilweise fest verankert.

2. a) Schreibe die abgebildeten Berufe jeweils unter das Bild. Kreuze an, als was der Beruf aus Deiner Sicht eher bezeichnet wird.

© Kadmy – stock.adobe.com

Beruf: ______________

☐ „Männerberuf“
☐ „Frauenberuf“
☐ „beides“

© industrieblick – stock.adobe.com

Beruf: ______________

☐ „Männerberuf“
☐ „Frauenberuf“
☐ „beides“

© Robert Kneschke – stock.adobe.com

Beruf: ______________

☐ „Männerberuf“
☐ „Frauenberuf“
☐ „beides“

© Robert Kneschke – stock.adobe.com

Beruf: ______________

☐ „Männerberuf“
☐ „Frauenberuf“
☐ „beides“

Diese Ungleichverteilung bei der Berufswahl kann man auch in Statistiken nachlesen.

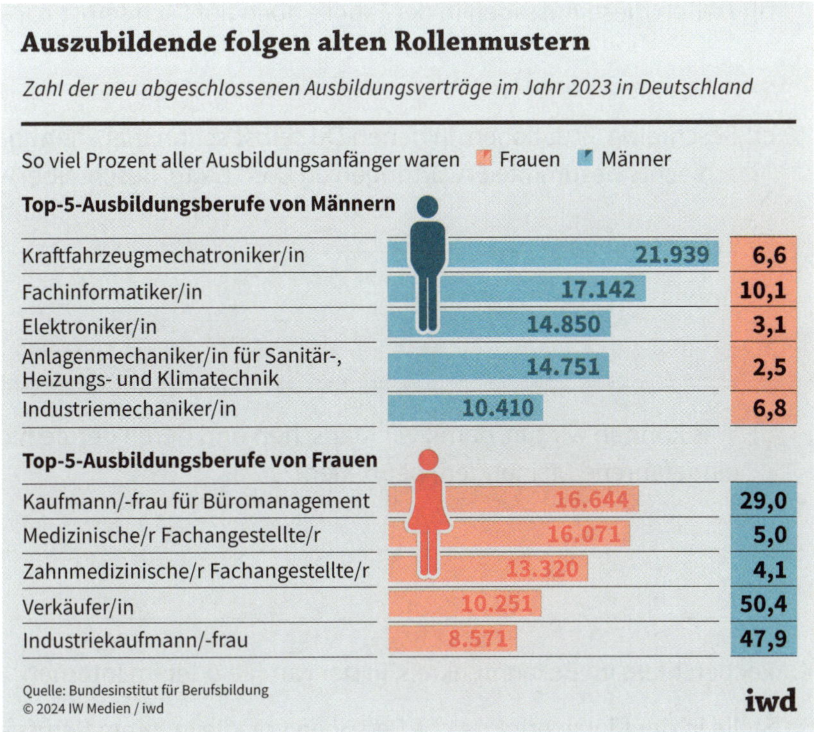

b) Zähle auf, welche Ausbildungsberufe laut Statistik eher von Frauen und welche eher von Männern gewählt werden.

Von Frauen: ______________________________

Von Männern: ______________________________

c) Nenne Gründe für diese Ungleichverteilung. Diskutiert in der Klasse darüber.

____

____

3. a) Lies die Aussagen in der Tabelle und kreuze an, ob Du der Aussage zustimmst oder nicht. Vergleiche im Anschluss Deine Einschätzungen mit denen Deines Banknachbarn.

Aussagen	Zustimmung				
	--	–	0	+	++
Männer kennen sich am Computer besser aus.					
Backen ist Frauensache.					
Männer sind handwerklich begabter als Frauen.					
Frauen können besser Kinder erziehen.					
Männer haben keinen guten Orientierungssinn.					
Frauen interessieren sich für Technik und schnelle Autos.					
Männer kochen besser als Frauen.					
Frauen interessieren sich mehr für Mode als Männer.					
Männer können nicht putzen.					
Frauen sind für Führungs- und Leitungspositionen weniger geeignet als Männer.					
Männer sind beruflich erfolgreicher und verdienen viel mehr Geld im Job als Frauen.					
Mütter sind für die Entwicklung von Kindern wichtiger als Väter und sollten zuhause bleiben.					
Männer können besser mit Kindern spielen als Frauen.					

b) Treffen diese Aussagen in der Tabelle auch auf Dich selbst zu?

c) Beschreibe Situationen, in denen Du selbst schon mal erlebt hast, dass jemand wegen Deines Geschlechts bestimmte Erwartungen an Dich hatte. Beschreibe, wie Du Dich dabei gefühlt hattest.

d) Was können wir tun, damit wir Menschen und deren Berufe nicht voreilig nach Klischees (Vorurteile, eingefahrene Meinungen) beurteilen?

4. Recherchiere im Bekanntenkreis, in der Familie oder im Internet:

Stelle in der Klasse erfolgreiche Personen vor, die in ihrem Berufsfeld als Frauen bzw. Männer zur Minderheit gehör(t)en (z. B. Berühmte Forscherinnen, erfolgreiche Unternehmer, Vorbilder in Deinem Bekanntenkreis).

Zum Beispiel: Coco Chanel
Coco Chanel wuchs in armen Verhältnissen auf und arbeitete als Näherin. Später entwarf sie eigene Mode. Ihre Marke ist heute weltberühmt.

Zum Beispiel: Emily Roebling
Ihr Schwiegervater entwarf die Brooklyn-Bridge in New-York. Als er plötzlich starb, übernahm sie seine Arbeit. Sie hatte sich alle Kenntnisse aus Büchern selbst erarbeitet. So konnte die Brücke fertig gebaut werden. Ein Teil ihrer Familie lebt heute in Saarbrücken.

© dpa

Coco Chanel

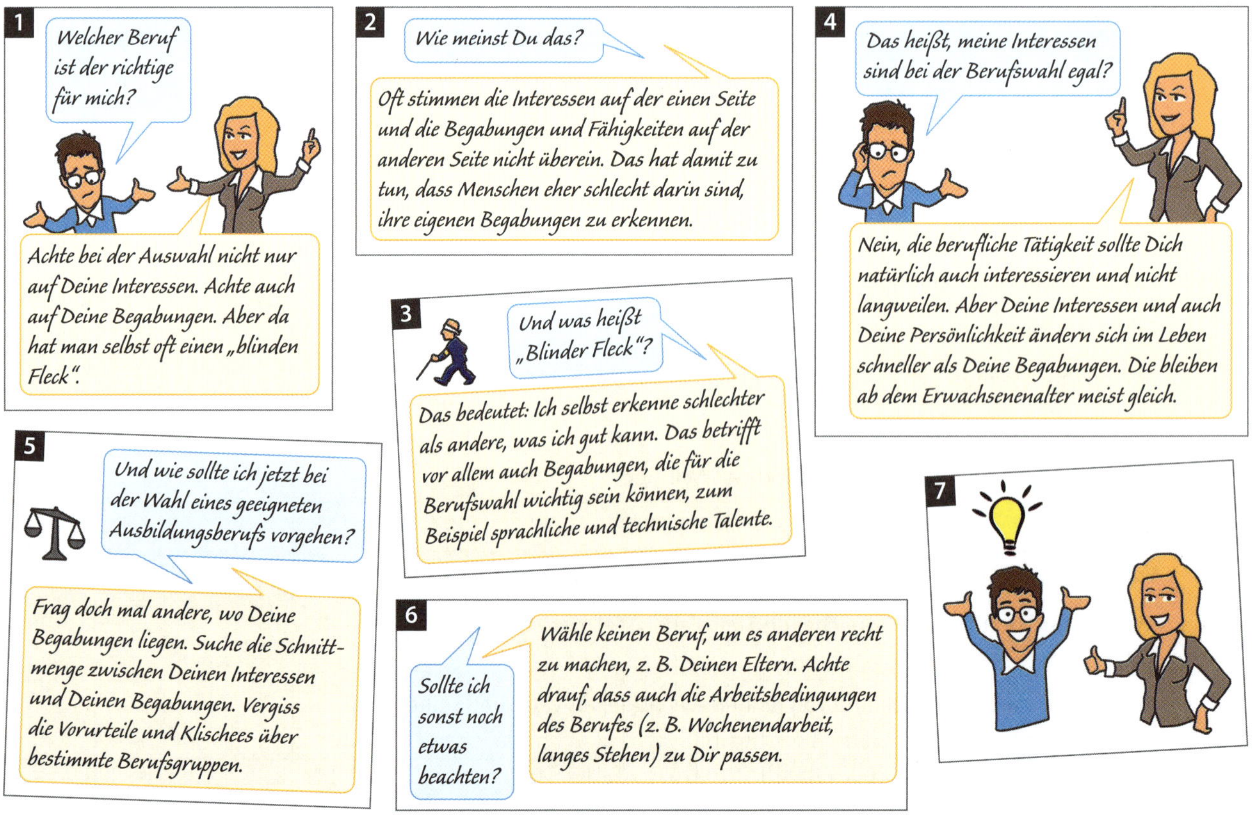

© Dave Vaughan

5. a) Lies den Comic. Beschreibe, was Deiner Meinung nach eher zum beruflichen Erfolg führt: Begabung oder Spaß (bzw. Interesse) an dem, was man tut.

___

b) Nenne zwei Möglichkeiten, warum die Interessen und die Persönlichkeit sich im Laufe des Lebens verändern können.

___

c) Welche Persönlichkeitseigenschaft ist Deiner Meinung nach besonders wichtig für beruflichen Erfolg?

___

d) Schätze Dich selbst ein und lass Dich einschätzen. Fülle dazu die nachstehende Tabelle aus.

Begabung (Fähigkeiten) **„Was kann ich gut?"**	**Interessen** **„Was tue ich besonders gern?"**	**Fremdeinschätzung** **„Was glauben die andern, was ich gut kann?"**

6. a) Lies den Informationstext:

„Wie frei bin ich bei meiner Berufswahl? Viele Kindern wissen nicht, was sie später einmal machen möchten. Viele Kinder dürfen aber auch nicht das machen, was Ihnen am besten gefällt. Sie stehen unter dem Einfluss Ihrer Eltern. Sie müssen das tun, was Ihre Eltern glauben, was für sie das Richtige ist. Klischees oder Traditionen spielen dabei eine große Rolle. Noch immer gibt es weltweit eine Ungleichheit zwischen Männern und Frauen, von Gleichberechtigung keine Spur."

b) Ordne die Gebiete nach der höchsten Dauer an Jahren bis zur Gleichstellung von Mann und Frau ein. Nutze dazu die Tabelle.

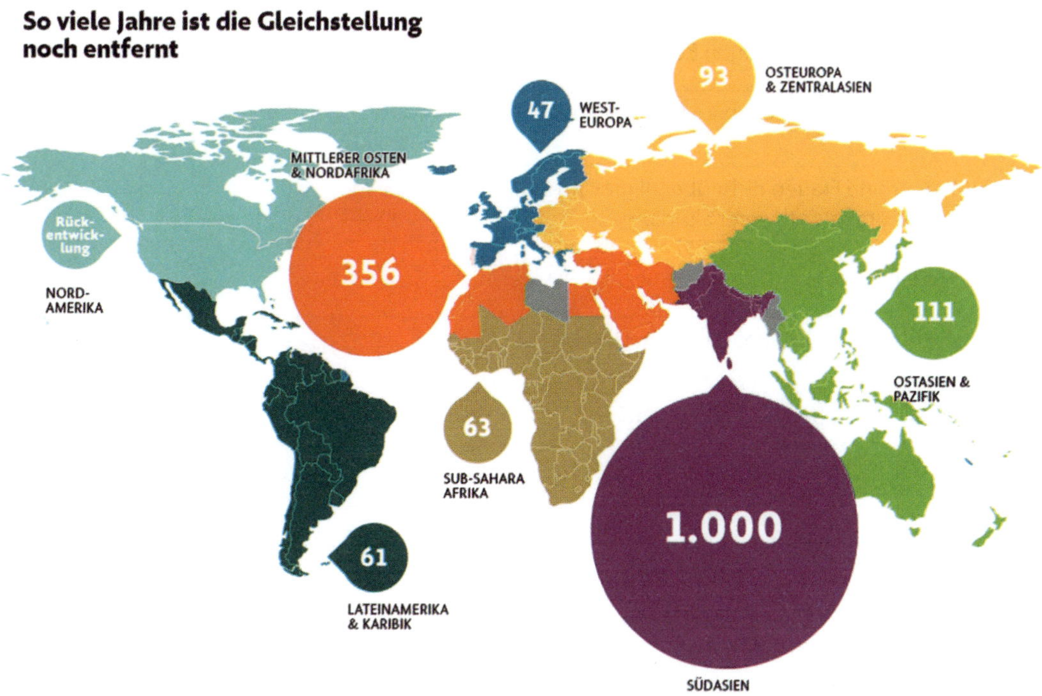

Region	Jahre zur Gleichstellung	Aus welcher Region kommst Du? (Kreuze an.)

Alles gecheckt?

Überprüfe selbst, was Du in diesem Kapitel alles gelernt hast.

	Stimmt vollkommen	Stimmt teilweise	Stimmt nicht	Tipps zum Nacharbeiten
Ich kenne die Regeln in der Schule und im Klassenverband.	☐	☐	☐	Seite 8
Ich kenne meine Rolle in verschiedenen Situationen.	☐	☐	☐	Seite 9
Ich kenne verschiedene Traditionen und schätze die Vielfalt der Kulturen.	☐	☐	☐	Seite 10
Ich habe viel über Rassismus gelernt.	☐	☐	☐	Seite 12
Ich nehme Haltung **gegen** Rassismus ein.	☐	☐	☐	Seite 12–13
Ich weiß, wie wichtig es ist, den richtigen Beruf zu finden.	☐	☐	☐	Seite 14
Ich weiß, dass ein sorgfältiges Arbeiten im Beruf eine wichtige Rolle spielt.	☐	☐	☐	Seite 16
Ich weiß, dass Männer und Frauen nicht überall gleichgestellt sind. Frauen haben es oftmals schwerer als Männer.	☐	☐	☐	Seite 17
Ich kenne verschiedene Berufe.	☐	☐	☐	Seite 14–15
Ich weiß, dass ich jeden Beruf, unabhängig vom Geschlecht, ausüben kann.	☐	☐	☐	Seite 14, 16, 17

Notiere Dir hier Fragen, die offengeblieben sind:

____

____

____

____

____

____

Lerngebiet 2:
Sich in der Berufswelt zurechtfinden

1 Selbstmanagement

2 Bildungswege

3 Regelungen im Arbeitsleben

1 Selbstmanagement

1.1 „Warum eigentlich Arbeiten?" – Vorteile eines geregelten Arbeitslebens

Arbeit bedeutet für uns mehr als Geldverdienen. Sie gibt uns einen Sinn und zeigt unseren Platz in der Gesellschaft. Das strukturiert unser Leben und stärkt das eigene Selbstwertgefühl.

1. Kreuze an, wie wichtig Dir die nachfolgend genannten Lebensziele sind:

Lebensziel	unwichtig	weniger wichtig	eher wichtig	sehr wichtig
Partnerschaft				
Bildung				
Gesundheit				
Kinder				
Beruflicher Erfolg				
Gutes Einkommen				
sicherer Arbeitsplatz				
Selbstverwirklichung				

Marie und Carsten in ihrer Ausbildung zum Zerspanungsmechaniker/in

2. Zähle fünf Gründe auf, warum Menschen arbeiten und orientiere Dich dabei an Beispielen in Deiner Familie oder in Deinem Freundeskreis. Bewerte diese anschließend für Dich.

Gründe für Menschen zu arbeiten	unwichtig	weniger wichtig	eher wichtig	sehr wichtig
Umgang mit Menschen				

1.2 „Was Du heute kannst besorgen ..." – Meine täglichen Aufgaben und Ziele in Haushalt, Schule und Beruf

Man nimmt sich vieles für den Tag vor. Am Abend fragt man sich, wo die ganze Zeit geblieben ist. Vielleicht geht es Dir genauso, dann kann ein Zeitprotokoll helfen.

1. Fülle den Zeitplan für Deinen typischen Werktag (jeder Tag einer Woche mit Ausnahme von Sonn- und Feiertagen) aus.
2. Markiere, welche Tätigkeiten Deiner Meinung nach „Sinnvoll" (S) und welche Tätigkeiten nur „Aufschiebetätigkeiten" (A) waren. Markiere außerdem, was echte Pausen und Essenszeiten (wie Frühstück, Mittagspause, ... (P) waren.

Zeitplan:

Uhrzeit	Tätigkeiten	S	A	P	Sonstiges
7:00 – 8:00					
8:00 – 9:00					
9:00 – 10:00					
10:00 – 11:00					
11:00 – 12:00					
13:00 – 14:00					
14:00 – 15:00					
15:00 – 16:00					
16:00 – 17:00					
17:00 – 18:00					
18:00 – 19:00					
19:00 – 20:00					
20:00 – 21:00					
21:00 – 22:00					
22:00 – 23:00					
23:00 – 24:00					

3. Was könnte sich in Zukunft an Deinem Tagesablauf ändern? Mach ein paar Vorschläge:

4. Notiere für jeden Tag einen persönlichen Anlass, mit dem Du Deine Freizeit sinnvoll genießen kannst. Zum Beispiel: Am Dienstag haben wir im Fußballtraining ein Trainingsspiel gegen die erste Mannschaft gemacht. Oder: Mein Kollege Florian hat mich gefragt, ob wir am Freitag zusammen ins Kino gehen.

Montag	
Dienstag	
Mittwoch	
Donnerstag	
Freitag	
Samstag	
Sonntag	

5. Nachdem ein Ziel erreicht wurde, sollte man auch seine Freizeit sinnvoll gestalten. Zähle acht Freizeitaktivitäten auf, die Dir Freude bringen: zum Beispiel abends mit einem Freund noch Fußball spielen oder am Sonntag mit den Kollegen gemeinsam zum Stausee fahren.

1.	
2.	
3.	
4.	
5.	
6.	
7.	
8.	

1.3 „Der innere Schweinehund" – Was mich von meiner Arbeit abhält

© fifthdimension – stock.adobe.com

1. Beschreibe, welches Problem das Bild zeigt.

2. Überlege Dir, was Dich im Alltag von der notwendigen Arbeit abhält und was Du dagegen tun kannst.

Was mich von meiner Arbeit abhält	Gegenstrategie

2 Bildungswege

2.1 „Wege zum Beruf – Bildungswege nach der AV

Die beruflichen Schulen im Saarland bieten nach Abschluss der allgemeinbildenden Schulen vielfältige Bildungsangebote. Ziel ist es, die Schülerinnen und Schüler im Vorfeld oder begleitend zu einer Ausbildung für den späteren Beruf fit zu machen.

1. Ergänze die Schulformen in dem nachfolgenden Diagramm in den rot umrandeten Kästchen.

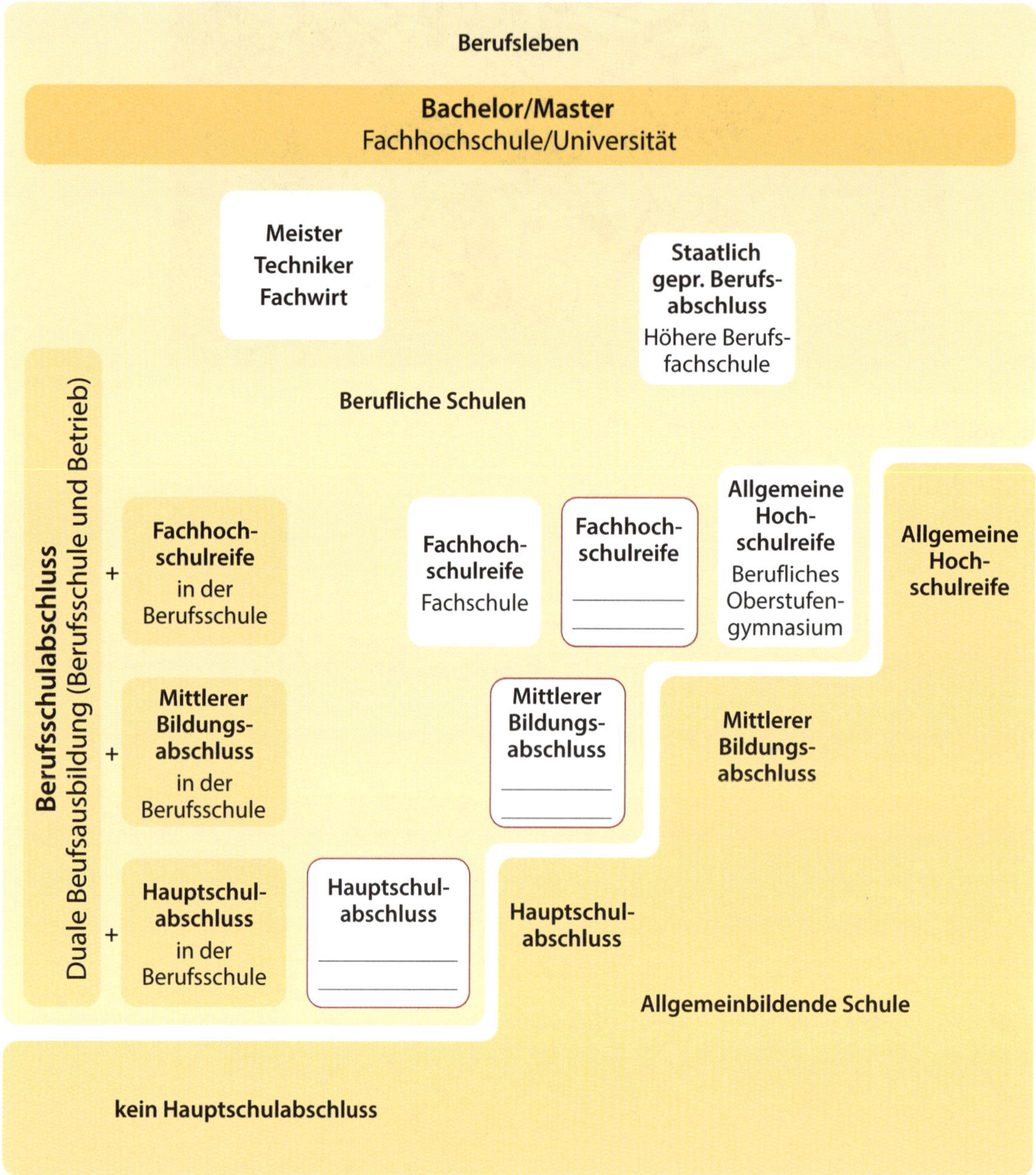

Schulform	Abschluss
Ausbildungsvorbereitung (AV)	Hauptschulabschluss (HSA)
Berufsfachschule 2 (BFS II)	Mittlerer Bildungsabschluss (MBA)
Berufsfachschule 1 (BFS I)	Stufenabschlusszeugnis Fachstufe 1 (BFS I)
Berufsschule (BS)	Berufsschulabschluss (BS)
Fachoberschule (FOS)	Fachhochschulreife (FHR)

2. Ergänze die Bezeichnungen oder Abkürzungen der Schulformen und die Dauer der Schulform. Kreuze den Abschluss an, der in der Schulform erreicht werden kann. Kreuze an, ob ein Praktikum oder ein Teil im Betrieb stattfindet.

Schulform		**Dauer**	**Abschluss bei Erfolg**	**Praktikum/ Betrieb**
Vollständige Bezeichnung	**Abkürzung**			
Ausbildungsvorbereitung			☐ HSA ☐ MBA ☐ BS ☐ FHR	☐ Ja ☐ Nein
	BFS I		☐ HSA ☐ MBA ☐ BS ☐ FHR	☐ Ja ☐ Nein
	BFS II		☐ HSA ☐ MBA ☐ BS ☐ FHR	☐ Ja ☐ Nein
	BS		☐ HSA ☐ MBA ☐ BS ☐ FHR	☐ Ja ☐ Nein
Fachoberschule nach der BS			☐ HSA ☐ MBA ☐ BS ☐ FHR	☐ Ja ☐ Nein
Fachoberschule nach der BFS II			☐ HSA ☐ MBA ☐ BS ☐ FHR	☐ Ja ☐ Nein

3. Erkunde auf der Internetseite Deines Berufsbildungszentrums die angebotenen Schulformen und schreibe diese auf. Benutze zur Recherche z. B. Dein Smartphone.

4. Beschreibe mögliche Bildungswege von der Ausbildungsvorbereitung (AV) zu einem Mittleren Bildungsabschluss.

2.2 „Welcher Beruf passt zu mir?"

Wenn Du die Schule geschafft hast, dann hast Du einen wichtigen Schritt in Deiner Karriere gemacht. Das heißt jedoch nicht, dass Du Dich darauf ausruhen kannst. Eine zentrale Frage, die Du Dir jetzt schon stellen musst, ist: Welcher Beruf passt zu mir? Vielleicht eine Ausbildung zur Hotelfachfrau oder zum Anlagenmechaniker SHK? In der Kindheit hatte man Berufswünsche wie Ballerina und Feuerwehrmann. Jetzt als Jugendlicher haben sich vielleicht andere persönliche Interessen entwickelt. Auf jeden Fall spielen Deine Interessen und Fähigkeiten eine entscheidende Rolle bei Deiner Berufswahl.

1. Wähle Deine Interessen und Fähigkeiten aus (kreuze jeweils in den weißen Feldern an):

Ich bin gut in Physik.			
Ich bin höflich.			
Ich bin handwerklich begabt.			
Ich bin gut in Mathematik.			
Ich interessiere mich für Medizin.			
Ich bin gut in Deutsch.			
Ich kümmere mich gerne um andere.			
Ich arbeite genau.			
Ich bin gut in Fremdsprachen.			
Ich bin auch freundlich bei Stress.			
Ich bin gut in Biologie.			
Ich zeichne gerne.			
Ich bin gut in Hauswirtschaft.			
Ich arbeite zuverlässig.			
Ich habe ein selbstbewusstes Auftreten.			
Ich arbeite gerne mit Kindern und alten Menschen.			
Ich pflege gerne.			
Ich kann schnell auf dem Computer schreiben.			
Ich unterhalte mich gerne mit Menschen.			
Ich repariere zu Hause gerne etwas.			
Ich kann auch Nachts und am Wochenende arbeiten.			
Summe:			
Was unter der höchsten Summe steht, wäre ein für Dich vielleicht geeigneter Berufsbereich.	Kaufmännische Berufe z. B. Hotelkaufmann/-frau, Verkäufer/*in	Sozialpflegerische Berufe z. B. Altenpfleger/*in, Erzieher/*in	Technisch-Gewerbliche Berufe z. B. Fliesenleger/*in, Metallbauer/*in

2. Mache Dir Deine beruflichen Interessen klar und diskutiere die Ergebnisse mit dem Lehrer und der Klasse:

Was interessiert mich und was mache ich gerne?	
Was würde ich sonst noch machen?	
Was möchte ich gar nicht machen?	

© LIGHTFIELD STUDIOS – stock.adobe.com

Timo macht eine Ausbildung zum Kraftfahrzeugmechatroniker

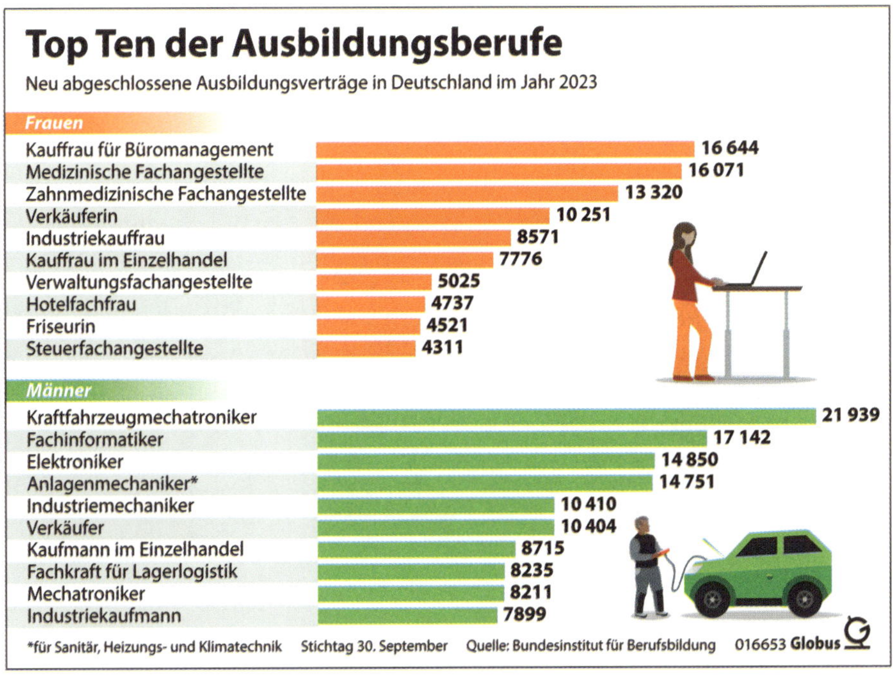

3. Rund 340 anerkannte Ausbildungsberufe sind nach dem Berufsbildungsgesetz geregelt. Ordne mit einer Verbindungslinie jedem der 13 Berufsfeldern einen Ausbildungsberuf zu:

Berufsfelder	Möglicher Ausbildungsberuf
Agrarwirtschaft	Maler*in
Bautechnik	Elektroniker*in
Chemie, Physik, Biologie	Koch/Köchin
Drucktechnik	Kosmetiker*in
Elektrotechnik	Einzelhandelskaufmann/-frau
Ernährung und Hauswirtschaft	Chemielaborant*in
Farbtechnik und Raumgestaltung	Tiefbaufacharbeiter*in
Gesundheit	Tischler*in
Holztechnik	Landwirt*in
Körperpflege	Gesundheits- u. Kranken-pflegehelfer*in
Metalltechnik	Änderungsschneider*in
Textiltechnik und Bekleidung	Mediengestalter*in
Wirtschaft und Verwaltung	Zerspanungsmechaniker*in

Benutze Dein Smartphone und scanne den QR-Code ein um Dich zu informieren.

Berufenet der Agentur für Arbeit

https://berufenet.arbeitsagentur.de/berufenet/faces/index?path=null

4. Nenne die drei dargestellten Ausbildungsberufe und gib das dazugehörige Berufsfeld an.

	 © Kzenon – stock.adobe.com	 © Karin & Uwe Annas– stock.adobe.com	 © Karin & Uwe Annas– stock.adobe.com
Ausbildungsberuf			
Berufsfeld			

5. Wählt im Klassenverband gemeinsam einen Ausbildungsberuf aus, der Euch interessiert. Recherchiert im Internet folgende Informationen (z. B. auf der Internetseite der Agentur für Arbeit):

Beruf	
Lernorte	
Ausbildungsdauer	
Erwarteter Schulabschluss	
Tätigkeit (Was macht man in diesem Beruf?)	
Arbeitsorte (Wo arbeitet man?)	
Anforderungen (Was muss man können?)	
Ausbildungsvergütung (Was verdient man?)	
Arbeitgeber in der Nähe (Wo kann man arbeiten?)	

6. Wähle einen Ausbildungsberuf, der Dich interessiert, und recherchiere im Internet (z. B. auf der Internetseite der Agentur für Arbeit) die Informationen zu Deinem Wunschberuf.

3 Regelungen im Arbeitsleben

3.1 Die duale Berufsausbildung

Lies den Text durch und beantworte die nachfolgenden Fragen:

Jessica möchte eine duale Berufsausbildung als Fachverkäuferin (Lebensmittelhandwerk) in einer Bäckerei anfangen. Heute macht jeder zweite in Deutschland eine duale Berufsausbildung und erlernt einen von rund 340 Ausbildungsberufen. Findet die berufliche Ausbildung im Betrieb und in der Berufsschule statt, spricht man von einer dualen Berufsausbildung. Die Ausbildung an diesen beiden Lernorten soll sich ergänzen. Der Betrieb übernimmt die praktische Ausbildung. Diese besteht aus der Fachpraxis und der Fachtheorie. Die Berufsschule deckt vor allem den theoretischen Teil der Ausbildung ab (Fachtheorie und Allgemeinbildung).

Betriebe, die ausbilden, müssen für die Berufsausbildung geeignet sein. Es muss eine genügende Ausstattung und qualifiziertes Ausbildungspersonal vorhanden sein. Während der Probezeit kann das Ausbildungsverhältnis sowohl vom Ausbildenden als auch vom Auszubildenden (Azubi) ohne Angabe von Gründen beendet werden. Die Dauer der Probezeit beträgt mindestens einen Monat und höchstens vier Monate. Die Ausbildungsdauer beträgt, je nach Ausbildungsberuf, zwei bis dreieinhalb Jahre.

1. Nenne die beiden Beteiligten der Berufsausbildung:

2. Ergänze die Begriffe:

Duale Berufsausbildung		
	Lernorte	
	Inhalte	
	Prüfungen und Abschluss	

3. Nenne zwei Voraussetzungen, die ein Ausbildungsbetrieb haben muss.

4. Wie lange dauert Deine Berufsausbildung?

5. Wie lange dauert die Probezeit?

3.2 Der Berufsausbildungsvertrag

Jessica hat sich entschlossen, eine Berufsausbildung zu machen und mit der Bäckerei einen Berufsausbildungsvertrag abzuschließen. Der Berufsausbildungsvertrag wird von der Auszubildenden und einem Vertreter des Ausbildungsbetriebes unterschrieben. Da die Auszubildende Jessica noch keine 18 Jahre alt ist, muss der gesetzliche Vertreter unterschreiben, also in der Regel die Mutter und der Vater. Die zuständige Kammer prüft den Berufsausbildungsvertrag und erst mit dem Eintrag in das Verzeichnis der Berufsausbildungsverhältnisse wird dieser rechtskräftig.

Handwerkskammer des Saarlandes
Hohenzollernstraße 47–49 · 66117 Saarbrücken
Postfach 10 13 31 · 66013 Saarbrücken
Telefon 06 81/58 09-1 19/1 20/2 00 · www.hwk-saarland.de

Eingang	
Nr.	Siegel, Unterschrift
am	

Dieser Vertrag ist anerkannt und in das Verzeichnis der Berufsausbildungsverhältnisse, die Lehrlingsrolle eingetragen.

Berufsausbildungsvertrag

Zwischen dem Ausbildenden	und dem Lehrling/Auszubildenden ☐ m ☐ w
Firma, Betrieb: Bäckerei Jakob GmbH	Name, Vorname: Müller, Jessica
	Straße: Margaretenstraße 64
Straße: Schulstraße 25	PLZ, Ort: 66740 Saarlouis
PLZ, Ort: 66740 Saarlouis	Telefon: 06831-8740
Telefon: 06831-9080	geb. am: 17.03.2008 – in: Saarlouis
E-Mail: baeckerei-jacob-saarlouis@gmx.de	Gesetzliche Vertreter (Eltern/Vormund)[1]
Die Ausbildung erfolgt durch den Ausbilder:	Name, Vorname: Müller, Sonja und Müller, Udo
Name, Vorname: Jakob, Norbert	Straße: Margaretenstraße 64
	PLZ, Ort: 66740 Saarlouis

wird nachstehender Vertrag nach Maßgabe der geltenden Bestimmungen und dem geltenden Berufsordnungsmittel zur Ausbildung im Ausbildungsberuf (ggf. mit Fachrichtung, Schwerpunkt o. ä.) geschlossen:

Ausbildungsberuf: Fachverkäuferin

Fachrichtung, Schwerpunkt, Wahlqualifikationseinheit: Lebensmittelhandwerk (Bäckerei)

Die Führung des Ausbildungsnachweises (Berichtshefts) erfolgt: ☒ schriftlich ☐ elektronisch

A Die Ausbildungszeit beträgt nach der Ausbildungsordnung Monate: 36

Hierauf wird angerechnet
☐ Berufsfachschule bzw. andere Schule, z. B. Gymnasium, Realschule, BGJ
☐ Lebensalter (zu Beginn mind. 21 Jahre alt)
☐ bzw. eine sonstige Vor- oder Ausbildung als
bei
vom – bis
Anrechnungszeit: Monat/e – und Tag/e

Das Berufsausbildungsverhältnis dauert demnach (bitte Tag, Monat und Jahr angeben)

	Tag	Monat	Jahr
vom	01	08	2024
bis	31	07	2027

B Die Probezeit beträgt ☐ 1 Monat ☐ 2 Monate ☒ 3 Monate ☐ 4 Monate

C Die Ausbildung findet vorbehaltlich der Regelungen nach § 2 Nr. 6 in
o. a. Betriebsstätte
und den mit dem Betriebssitz für die Ausbildung üblicherweise zusammenhängenden Bau-, Montage- und sonstigen Arbeitsstellen statt.

D Der Ausbildende zahlt dem Lehrling (Auszubildenden) eine angemessene Vergütung. Sie beträgt z. Zt. monatlich brutto EUR im

1. Ausbildungsjahr	2. Ausbildungsjahr	3. Ausbildungsjahr	4. Ausbildungsjahr
680,00	755,00	885,00	810,00

Siehe § 5 Nr. 1

E Die regelmäßige Ausbildungszeit beträgt Stunden täglich: 8 – Stunden wöchentlich: 40

Bei noch nicht 18 Jahre alten Personen sind die Vorschriften des Jugendarbeitsschutzgesetzes zu beachten. Soweit die tägliche Ausbildungszeit durch Tarifvertrag oder Betriebsvereinbarung abweichend geregelt ist, gilt die tarifliche oder vereinbarte Ausbildungszeit.

F Der Ausbildende gewährt dem Auszubildenden Urlaub nach den geltenden Bestimmungen. Es besteht ein Urlaubsanspruch

im Kalenderjahr	2024	2025	2026	2027	
Arbeitstage oder	13	27	25	14	
Werktage					

* Soweit auf den vorliegenden Vertrag Bestimmungen von Tarifverträgen oder sonstigen Vereinbarungen Anwendung finden, sind diese zu beachten und zum Gegenstand des Ausbildungsvertrages zu machen.

G Sonstige Vereinbarungen[2]

H Die umstehenden Vereinbarungen sind Gegenstand des Vertrages und werden anerkannt.

Ort, Datum: Saarlouis, 17.06.2024	
Unterschrift Betriebsinhaber	Unterschrift Lehrling/Auszubildende/r
Unterschrift Ausbilder	Unterschrift gesetzliche Vertreter (Eltern, Vormund)

1) Vertretungsberechtigt sind beide Eltern gemeinsam, soweit nicht die Vertretungsberechtigung nur einem Elternteil zusteht. Ist ein Vormund bestellt, so bedarf dieser zum Abschluss und zur Änderung des Berufsausbildungsvertrages der Genehmigung des Vormundschaftsgerichtes. – 2) Falls es sich um einen Vertrag nach § 42 l HwO handelt, bitte hier einsetzen.

Stand: 12/17

■ Bitte auch Rückseite ausfüllen!

1. Lies den Berufsausbildungsvertrag durch und ergänze die Inhalte:

Inhalte	
Ausbildungsberuf	
Zuständige Kammer	
Vertragspartner	
Ausbildungsdauer	
Dauer der Probezeit	
Anzahl der Urlaubstage pro Jahr	
Ausbildungsvergütung (Monatlich, Brutto, in Euro)	
Regelmäßige Arbeitszeit	

2. Die Freundin von Jessica lernt Verkäuferin in einem Bekleidungsgeschäft. Ihre Ausbildung dauert 2 Jahre. Sie überlegt, nach ihrer Ausbildung zur Verkäuferin ihre Ausbildung um 1 $^{1}/_{2}$ Jahre zu verlängern, um eine höhere Qualifikationsstufe zu erreichen. (Internetrecherche)

   Verkäuferin →

3. Aus Jessicas Bekanntenkreis möchten einige auch eine höhere Stufe in ihrer Ausbildung erreichen. Welche Möglichkeiten haben sie? (Internetrecherche)

2-jähriger Ausbildungsberuf	3-jähriger oder 3,5-jähriger Ausbildungsberuf
Fachlagerist	
Tiefbaufacharbeiter mit Schwerpunkt Straßenbauarbeiten	
Fachkraft für Metalltechnik der Fachrichtung Konstruktionstechnik	

3.3 Rechte und Pflichten eines Auszubildenden und eines Praktikanten im Betrieb

Als Auszubildende (Azubi) hat Jessica Rechte und sie übernimmt ebenfalls Pflichten. Auch der Ausbildende hat Rechte und Pflichten.

Dies gilt auch für Dich in Deinem Praktikum.

1. Ordne die nachfolgenden Pflichten dem Ausbildenden und dem Auszubildenden (Azubi) zu:

Ausbildungspflicht	Gehorsamspflicht	Lernpflicht
Sorgfaltspflicht	Fürsorgepflicht	Vergütungspflicht (nicht im Praktikum)

	Pflichten des Ausbildenden = Rechte des Auszubildenden 	Pflichten des Auszubildenden (Azubi) = Rechte des Ausbildenden 
Schutz der Auszubildenden		
Vermittlung von Kenntnissen und Fertigkeiten		
Aneignung von Kenntnissen und Fertigkeiten		
Weisungen befolgen		
Zahlung der Ausbildungsvergütung		
Sorgfältiger Umgang mit Maschinen und Geräten		

2. Dein Verhalten im Praktikum und später im Ausbildungsbetrieb ist entscheidend für Deinen beruflichen Erfolg.

© Michael Hüter, Bochum

Nenne Deine Verhaltensregeln im Betrieb:

Quelle: DGUV Schulportal Lernen u. Gesundheit, Azubi-Knigge, www.dguv-lug.de, webcode: 1074378

3.4 „Das darf ich nicht!" – Das Jugendarbeitsschutzgesetz

Das Jugendarbeitsschutzgesetz (JArbSchG) in Stichworten:

- Es soll Jugendliche vor Unfällen und Überbelastung schützen.
- Es gilt für Jugendliche (wer 15, aber noch nicht 18 Jahre alt sind) in einem Arbeits- oder einem Berufsausbildungsverhältnis. Damit gilt es auch für Jugendliche, die ein Praktikum in der AV machen.
- Kinderarbeit (unter 15 Jahren) ist in Deutschland verboten.

http://www.gesetze-im-internet.de/jarbschg/index.html

Das Jugendarbeitsschutzgesetz wird häufig mit dem Jugendschutzgesetz verwechselt. Das Jugendschutzgesetz schützt Jugendliche in der Öffentlichkeit. Es regelt den Verkauf und die Abgabe von Tabak, Alkohol, Filmen und Computerspielen sowie den Aufenthalt in Diskotheken und Gaststätten.

Arbeitszeit

Jugendliche dürfen in der Regel nicht mehr als acht Stunden täglich an Werktagen und nicht mehr als 40 Stunden wöchentlich beschäftigt werden. Ein Werktag ist jeder Tag einer Woche mit Ausnahme von Sonn- und Feiertagen. Grundsätzlich dürfen Jugendliche nicht zwischen 20 und 6 Uhr beschäftigt werden (Nachtruhe). Es werden aber Ausnahmen eingeräumt, z. B. in Bäckereien. Für die Teilnahme am Unterricht der Berufsschule müssen die Auszubildenden vom Ausbildungsbetrieb freigestellt werden.

Ruhepausen

Nach spätestens viereinhalb Stunden Arbeit müssen Jugendliche eine Pause einlegen. Deren Länge richtet sich nach der Gesamtarbeitszeit:

- 30 Minuten bei einer Gesamtarbeitszeit von viereinhalb bis sechs Stunden
- 60 Minuten bei einer Gesamtarbeitszeit von mehr als sechs Stunden

Eine Arbeitsunterbrechung gilt nur dann als Ruhepause, wenn sie mindestens 15 Minuten beträgt.

Urlaub

Dem jugendlichen Auszubildenden steht Urlaub zu. Die Mindestanzahl von Urlaubstagen ist abhängig von dem Alter zu Beginn eines Kalenderjahres.

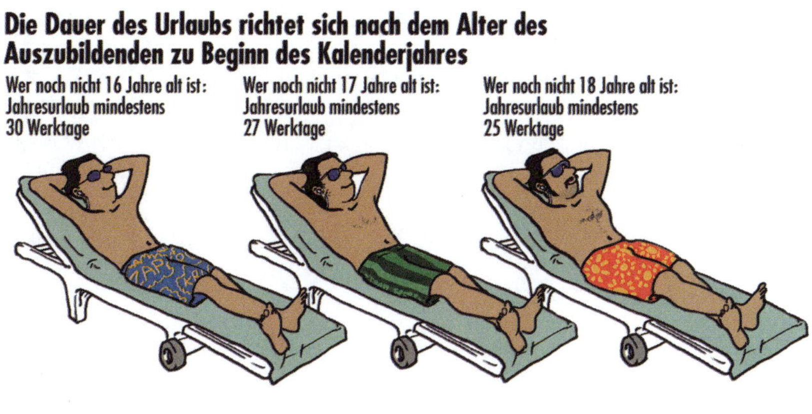

Löse das Kreuzworträtsel zum Jugendarbeitsschutzgesetz:

Hinweis:
Ä = AE,
Ü = UE

Lösungswörter:

Unfällen – Überbelastung – JArbSchG – Jugendarbeitsschutzgesetz – Kinderarbeit – Werktage – Nachtruhe – Berufsschule – Fünfundzwanzig – Sechzig – Acht

Vertikal:

1 Wofür muss ein Ausbildungsbetrieb einen Auszubildenden freistellen?

4 Wieviel Urlaubstage stehen einem siebzehnjährigen Auszubildenden zu?

5 Wieviel Stunden beträgt in der Regel die maximale tägliche Arbeitszeit?

7 Wie nennt man die Tage einer Woche mit Ausnahme von Sonn- und Feiertagen?

9 Vor was soll das Jugendarbeitsschutzgesetz schützen?

Horizontal:

2 Wieviel Minuten beträgt die Pausenzeit bei einer Gesamtarbeitszeit von mehr als sechs Stunden?

3 Vor was soll das Jugendarbeitsschutzgesetz schützen?

10 Wie bezeichnet man den Zeitraum zwischen 20 und 6 Uhr?

8 Mit welchem Gesetz wird das Jugendarbeitsschutzgesetz häufig verwechselt?

11 Was ist nach dem Jugendarbeitsschutzgesetz in Deutschland verboten?

6 Nenne die Abkürzung für das Jugendarbeitsschutzgesetz.

Alles gecheckt?

Überprüfe selbst, was Du in diesem Kapitel alles gelernt hast.

	Stimmt vollkommen	Stimmt teilweise	Stimmt nicht	Tipps zum Nacharbeiten
Ich kenne mögliche Lebensziele und Gründe zu Arbeiten.	☐	☐	☐	Seite 20
Ich erkenne, wie ich meinen Tagesablauf in Zukunft besser gestalten kann.	☐	☐	☐	Seite 21–22
Ich verstehe, was mich im Alltag von der Arbeit abhält und was ich dagegen tun kann.	☐	☐	☐	Seite 23
Ich überblicke die möglichen Bildungswege nach der Ausbildungsvorbereitung (AV).	☐	☐	☐	Seite 24
Ich kenne das Bildungsangebot an meinem Berufsbildungszentrum.	☐	☐	☐	Seite 25
Ich kenne meine beruflichen Interessen.	☐	☐	☐	Seite 26
Ich habe einen Überblick über mögliche Ausbildungsberufe.	☐	☐	☐	Seite 27–28
Ich kann mich zu einem Ausbildungsberuf mit Hilfe meines Smartphone informieren.	☐	☐	☐	Seite 27–28
Ich verstehe das Konzept der dualen Berufsausbildung und kann es beschreiben.	☐	☐	☐	Seite 29
Ich kenne den Berufsausbildungsvertrag und kann die Inhalte daraus wiedergeben.	☐	☐	☐	Seite 30–31
Ich kenne die wichtigsten Pflichten der Ausbildenden und der Auszubildenden.	☐	☐	☐	Seite 32
Ich kann Verhaltensregeln im Praktikum und später im Ausbildungsbetrieb nennen.	☐	☐	☐	Seite 32
Ich überblicke die wichtigsten Regelungen des Jugendarbeitsschutzgesetzes.	☐	☐	☐	Seite 33–34

Notiere Dir hier Fragen, die offengeblieben sind:

____

____

____

____

Lerngebiet 3: Konflikte und Probleme bewältigen

© Andrey Popov – stock.adobe.com

1 Konflikte und Probleme in Schule und Betrieb bewältigen

2 Drogen und Sucht

1 Konflikte und Probleme in Schule und Betrieb bewältigen

1.1 Verhaltensweisen im Betrieb und in der Schule

Alltagssituation eines AV-Schülers:

© Gina Sanders – stock.adobe.com

Das ist Jan. Jan ist seit einigen Wochen Schüler in der AV. In der Schule und auch im Praktikum gerät Jan immer wieder in Konflikte. Hilf Jan, sich in den unten aufgeführten Situationen richtig zu entscheiden und Konflikte zu vermeiden.

1. Erkläre Jan, wie er sich in der Schule richtig verhalten soll.

 © Zodzayev – stock.adobe.com	Zur Schule nimmt Jan nur sein Smartphone gegen die Lageweile mit. Schreibpapier und Stifte will er sich von Klassenkameraden ausleihen. Der Lehrer regt sich auf.
 © .shock – stock.adobe.com	Beim Kopieren erzeugt Jan einen Papierstau im Kopierer und nichts funktioniert mehr. Jan geht schnell zurück in die Klasse und hofft, dass jemand anderes das Problem bis zur nächsten Pause gelöst hat.
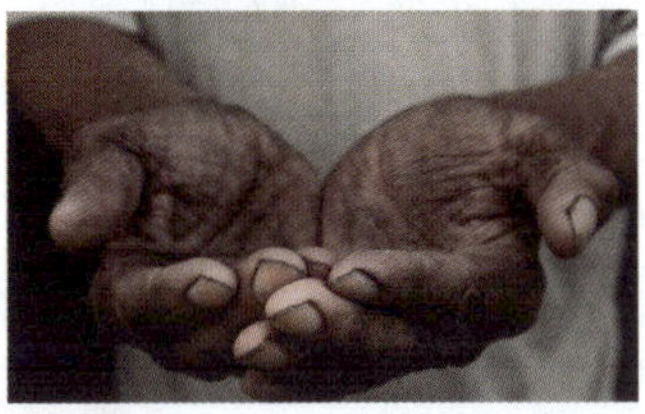 © XStanislau_V – stock.adobe.com	Am Sonntag hat Jan mit Freunden an seinem Roller rumgebastelt. Am nächsten Morgen kommt er ungeduscht und in den verschwitzten Klamotten zur Schule. Ihm ist es egal, denn die anderen Schüler möchten eh nichts mit ihm zu tun haben.
 © tonda55 – stock.adobe.com	Der Lehrer bittet Jan, einen Fehltag zu entschuldigen. Jan vergisst es und ärgert sich, dass der Lehrer ihn nicht mehrfach daran erinnert hat. Die Schuld für die unentschuldigte Fehlzeit gibt er deshalb dem Lehrer.

2. „Kopfstandaufgabe“: Finde weitere Verhaltensweisen, mit denen Du in der Schule garantiert Ärger erzeugen wirst.

3. Wandle diese Antworten ins Positive um und formuliere Verhaltensweisen, die man als AV-Schüler*in in der Schule beachten muss.

4. Erkläre Jan, wie er sich im Praktikumsbetrieb richtig verhalten soll.

Der Chef sagt Jan, er solle während der Arbeit seine Piercings ausziehen. Jan möchte aber rumlaufen, wie er will, und hört nicht drauf. Jan erklärt seinem Chef, dass Piercings modern sind.

© bertys30 – stock.adobe.com

Im Pausenraum trifft Jan einen Mitarbeiter, den er noch nicht kennt. Er nimmt sich wortlos einen Kaffee und geht schnell wieder raus.

© Sirichai – stock.adobe.com

Der Chef fragt Jan, ob er eine kleine zusätzliche Aufgabe übernehmen kann. Jan fragt den Chef, ob das nicht jemand anderes machen könnte, zumal er auch gleich schon Feierabend hätte. Er will lieber noch in die Stadt.

© justin rajput/EyeEm – stock.adobe.com

Jan soll mit einem älteren Mitarbeiter eine Arbeit gemeinsam erledigen. Der Mitarbeiter hat eine Arbeitsweise, die Jan zu umständlich findet. Jan erklärt ihm, wie man das besser macht.

© Firma V – stock.adobe.com

5. „Kopfstandaufgabe“: Finde weitere Verhaltensweisen, mit denen Du in einem Praktikumsbetrieb garantiert Ärger erzeugen wirst.

6. Wandle diese Antworten ins Positive um und formuliere Verhaltensweisen, die man als AV-Schüler*in einem Praktikum beachten muss.

Ob es Dir gefällt oder nicht: ein paar grundlegende Regeln musst Du als AV-Schüler einhalten. Nur so kannst Du in der Schule gut mitmachen und ein Praktikum erfolgreich ableisten.

Über diese Regeln diskutieren Deine Lehrer und Deine Chefs im Praktikum nicht. Sie erwarten, dass Du Dich daran hältst.

7. Lies die Infografik und beschreibe eine der genannten Erwartungen mit eigenen Worten.

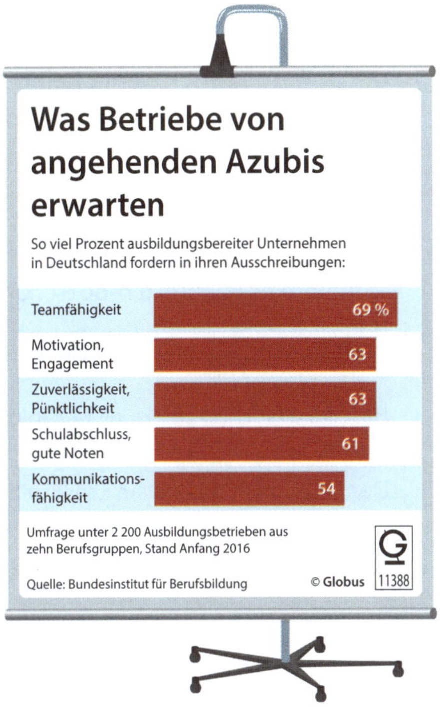

8. Überlege Dir, welche Erwartungen alle an Dich als (Mit-)Schüler haben:

   Erwartungen Deiner Lehrer:

   Erwartungen Deiner Mitschüler:

9. Was erwartest Du von Deinem neuen Praktikumsbetrieb, Deinen neuen Lehrern und Deinen Mitschülern, um Dich bestmöglich zu unterstützen?

1.2 „Der Ton macht die Musik" – Gesprächstechniken in einem Konflikt

Alltagsbeispiel: Jan macht ein Praktikum im Supermarkt. Er trifft morgens am Eingang seine Chefin. „Aha, Du bist ja heute mal pünktlich!" ruft sie. Später soll Jan ein Regal nachfüllen. Er ist sich nicht mehr sicher, welche Produkte nach oben und welche nach unten kommen sollen. Er wartet auf Hilfe. Seine Chefin läuft vorbei und mault ihn an: „Du bist ja immer noch nicht fertig. Hast Du das schon wieder nicht kapiert? Das kann doch nicht Dein Ernst sein." Ein anderer Mitarbeiter ruft von hinten: „Diese lahme Socke lernt es nie!" Jan entgegnet laut: „Ihr stresst mich total. Und halte Du da hinten doch einfach die Klappe!"

© dpa/Jens Büttner/dpa-Zentralbild

1. Spielt diese Situation als Rollenspiel in der Klasse nach. Benutzt dabei die Zitate des Beispiels.
2. Versetze Dich in Jans Situation. Beschreibe, wie Du Dich in einer solchen Situation fühlen würdest.
3. Erkläre den Sinn der Überschrift „Der Ton macht die Musik".

Im obigen Beispiel benutzen alle Beteiligten Sätze mit den Wörtern „Du" und „Dein" (Du-Botschaft). Hinter der Formulierung „Hast Du das immer noch nicht kapiert?" steckt eventuell, dass die Chefin durch Termindruck wenig Zeit hat, Jan die Aufgabe mehrfach zu erklären. Besser wäre ein Satz wie „Ich verstehe Dein Problem bei dieser Aufgabe nicht. Warte bitte kurz, ich erkläre es Dir gleich in einer ruhigen Minute wieder." Das bedeutet das gleiche, ist aber weniger konfliktfördernd („Ich-Botschaft").

4. Finde heraus, was mit den folgenden Aussagen des Anfangsbeispiels eigentlich gemeint ist und formuliere es in eine „Ich-Botschaft" um.

Du-Botschaft (= schlechte Formulierung)	**Ich-Botschaft (= bessere Formulierung)**
Hast Du das schon wieder nicht kapiert?	Ich habe gerade wenig Zeit, es Dir nochmal zu erklären.
Das kann doch nicht Dein Ernst sein!	
Aha, Du bist ja heute mal pünktlich!	
Du bist ja immer noch nicht fertig.	
Diese lahme Socke lernt es nie!	
Ihr stresst mich total.	
Halte Du da hinten doch einfach die Klappe!	

5. a) Finde in der untenstehenden Tabelle für weitere typische Sätze in Schule und Praktikum geeignetere Formulierungen.

   b) Kennst Du weitere Sätze, über die Du dich schon einmal geärgert hast?

Geht's noch langsamer?	
Du hast doch keine Ahnung.	
Du bist nie da, wenn ich Dich brauche!	
Weg da, Du stehst mir im Weg!	
Du störst!	
...	

6. Spielt die Anfangssituation aus Aufgabe 1 nochmal nach und benutzt dabei verbesserte Formulierungen.
7. Diskutiert in der Gruppe über folgende Aussage:

Ein gutes Arbeitsklima erkennt man nicht daran, dass es keine Konflikte gibt (denn das gibt es nicht), sondern daran, wie mit Konflikten umgegangen wird.

1.3 Körpersprache – Sehen, was andere denken

Mit unseren Gesichtszügen, unserem Blick und unserer Körperhaltung zeigen wir einem Gesprächspartner viele Informationen.

1. a) Beschreibe, was Dir die Gesichtsausdrücke über die Personen mitteilen. Gib den Fotos dazu eine aussagekräftige Unterschrift.

   b) Mit welcher der gezeigten „Personen" würdest Du gerne zusammenarbeiten, mit welcher nicht?

z. B. ungläubig/verwirrt

2. a) Beschreibe, was die vier Frauen im rechten Bild Dir mit ihrer Körpersprache über sich mitteilen (Interesse, Konzentration, etc.).

   b) Entscheide, welche der Frauen in einem Bewerbungsgespräch die größten Chancen hätte. Warum?

3. a) Stellt in Partnerarbeit folgende Gemütszustände nur durch euren Gesichtsausdruck, Körperhaltung und Gestik dar (ohne Worte).

   Ich bin wütend! – Ich bin gelangweilt! – Ich bin beleidigt! –
   Ich bin besser als Du! – Ich bin genervt! – Ich bleibe bei meinem Standpunkt!

   b) Wenn Ihr wollt, fotografiert Eure Darstellung und erstellt eine (digitale) Fotocollage.

1.4 Konflikte eindämmen

Ob im Praktikum oder in der Schule: Wenn eine Situation droht aus dem Ruder zu laufen, hilft es, ruhig zu bleiben. Mithilfe bestimmter Verhaltensweisen und Gesprächstechniken lassen sich viele Konflikte wieder entspannen und „deeskalieren".

1. Manche der folgenden Aussagen entspannen einen Konflikt, andere führen eher zu einer Zuspitzung. Lies die Beispiele und kreuze die passende Antwort zur Konflikteindämmung an.

   a) Dein Lehrer bemerkt, dass die Antworten im Test mit dem Deines Banknachbarn identisch sind. Er behauptet, Du hättest von Deinem Nachbarn abgeschrieben.

   ☐ „Stimmt nicht, der hat von mir abgeschrieben!"

   ☐ „Das können Sie eh nicht beweisen!"

   ☐ „Lassen Sie uns das bitte erklären, wir hatten zusammen gelernt."

   b) Du gehst über den Flur und ein anderer Schüler rempelt Dich aus Versehen an.

   ☐ „Hast Du keine Augen im Kopf?"

   ☐ „Nächstes Mal knall ich Dir eine!"

   ☐ „Sorry, ich habe Dich ja auch zu spät gesehen."

   c) Du machst ein Praktikum als Arzthelferin und ein wartender Patient ist sehr aufgebracht: „Ich warte schon sehr lange, dass ich drankomme. Ich habe gleich noch einen Termin beim Frisör."

   ☐ „Tut mir leid, aber das hätte ich Ihnen gleich sagen können, dass das heute nicht mehr klappt."

   ☐ „Tut mir leid, ich frage nach, ob es nicht doch eine Möglichkeit gibt, das Problem zu lösen."

   ☐ „Na bei der Frisur wird's auch echt mal Zeit."

2. Such Dir eines der Fotos aus und erzähle anhand der folgenden Fragen eine kurze Geschichte dazu.

   Was ist passiert? – Worin liegt der Konflikt? – Woran kann man das erkennen? –
   Wie kann die Geschichte weitergehen? – Wie könnte die Situation wieder aufgelöst werden?

© Monkey Business – stock.adobe.com

© pressmaster – stock.adobe.com

© LIGHTFIELD STUDIOS – stock.adobe.com

3. Erstellt gemeinsam mit Eurem Lehrer/Eurer Lehrerin einen Leitfaden zum Thema „Wie man einen Konflikt eindämmt."

1.5 „Bleib cool" – Mit Kritik gelassen umgehen

Situation:

© Cara Foto – stock.adobe.com

Jan möchte nicht mehr zur Schule. „Ich habe keine Lust mehr. Die Lehrer sagen mir immer nur, dass ich alles falsch machen würde. Die können mich eh nicht leiden und geben mir daher nur noch Fünfer. Und heute fing auch ein Mitschüler an, mich runterzumachen. Da bin ich völlig ausgeflippt, habe meine Sachen geschnappt und bin heim."

1. Versetze Dich in Jans Situation. Beschreibe in Stichworten, was Dich im Alltag „auf die Palme" bringt.

___

2. a) Kreuze an: Welche Kritik würdest Du persönlich nehmen und würde Dich verletzen (rotes Kreuz), welche nicht (grüner Haken)?

   b) Betrachte die Formulierungen der Aussagen: Warum sind manche der Aussagen beleidigend und andere weniger?

___

Kritik	✓	✗
Mir gefallen Deine neuen Schuhe nicht!		
Du bist so hässlich!		
Du kannst es nicht und wirst es auch nie lernen.		
Wenn Du nochmal übst, klappt es bestimmt besser.		
Dummkopf!		
Ich bin da anderer Meinung als Du!		
Du kannst echt gar nichts!		
Ich verstehe nicht, warum Du Dich so verhältst!		
Mit Deinem Vorschlag bin ich nicht einverstanden.		
Dein Vorschlag ist zwar nett, aber meiner ist viel besser.		

3. Jan möchte nicht mehr kritisiert werden und nimmt sich vor, es ab sofort möglichst allen recht zu machen. Er ist der Meinung, wenn er alles „richtig" macht, wird er nicht mehr kritisiert.

   Erkläre Jan, warum seine Überlegung nicht zum Erfolg führt. Das nebenstehende Bild hilft Dir dabei!

___

___

© Dave Vaughan

4. Wie reagiert man sinnvoll auf Kritik? Markiere dafür die passenden Verhaltensregeln farblich (grün = richtig; rot = falsch).

- Wir hören zu, ohne den anderen zu unterbrechen.
- Wir reagieren mit Angriff in Form einer Gegenkritik.
- Wir weisen alles von uns und rechtfertigen uns.
- Wir beachten den Kritisierenden nicht.
- Wir ziehen uns zurück und warten auf eine Entschuldigung.
- Wir holen kurz Luft und reagieren nicht sofort mit einer Reaktion.
- Wir stimmen zu, wenn der andere recht hat.
- Wir fragen nach, wenn wir was nicht genau verstanden haben.
- Wir machen so, als wäre uns die Kritik egal.
- Wir nehmen Kritik nicht persönlich, sondern sehen sie als Feedback.
- Wir entschuldigen uns, wenn wir im Unrecht sind.

1.6 Cybermobbing – alles nur Spaß?

© smuki– stock.adobe.com

Aus Annas Tagebuch:

In mein Leben läuft gerade alles komplett schief. Alles begann mit einem Instagram-Profil von mir, das jemand gefälscht hat. Es muss jemand gewesen sein, der mich kennt.

Da waren lauter peinliche Bilder von mir zu sehen, sogar eins aus der Sportumkleidekabine.

Die beleidigenden Kommentare unter den Bildern haben mich echt fertig gemacht. Bestimmt haben viele die Bilder als Screenshot gespeichert und an andere verschickt.

Als ich auf dem Glatteis ausrutschte und hilflos auf dem Boden lag, filmte mich ein Junge und lud es bei Facebook hoch.

Seit Neuestem bekomm' ich immer wieder Anrufe mit unterdrückter Nummer, auch nachts. Ich habe echt Angst und kann niemandem mehr trauen ...

1. Beschreibe Annas Situation: Was ist passiert? Welche Personen sind daran beteiligt?

2. Ordne die gesetzlichen Grundlagen den Vorfällen in Annas Geschichte zu, in dem Du die Sätze in Annas Tagebuch mit der Farbe der gesetzlichen Grundlage markierst (z. B. Beleidigung = rot)

Üble Nachrede und Verleumdung
Wer eine beleidigende und unwahre Tatsache behauptet und verbreitet (z. B. in sozialen Netzwerken), die dem Ansehen der Person in der Öffentlichkeit schadet, macht sich strafbar. (§§ 186 und 187 StGB)
→ Geldstrafe, Freiheitsstrafe bis zu fünf Jahren

Beleidigung
„Wer eine Person schwer beleidigt, mit Worten beschimpft oder mit anderen Handlungen die Ehre verletzt, sie erniedrigt und demütigt, macht sich strafbar. Eine Ehrverletzung liegt jedoch nicht bei Unhöflichkeit vor. (§ 185 StGB)
→ Geldstrafe, Freiheitsstrafe bis zu zwei Jahren

Recht am eigenen Bild
Fotos und Videos dürfen nur mit Einwilligung der abgebildeten Person verbreitet und veröffentlicht werden. Wer dagegen verstößt, handelt strafbar. (§ 33 KunstUrhG)
→ Geldstrafe, Freiheitsstrafe bis zu 1 Jahr

Fotos in besonders geschützten Räumen
Es ist strafbar, Personen ohne ihr Einverständnis in einer Wohnung oder einem gegen Einblick besonders geschützten Raum (z. B. Schülertoilette) zu fotografieren oder zu filmen.
→ Geldstrafe, Freiheitsstrafe bis zu zwei Jahren

Fotos von Notsituationen
Es ist strafbar, die Hilflosigkeit einer anderen Person zur Schau zu stellen oder solche Aufnahmen weiterzuleiten. (§ 201a StGB)
→ Geldstrafe, Freiheitsstrafe bis zu zwei Jahren

Nachstellung („Stalking")
Die ständige ungewollte Kontaktaufnahme z. B. übers Handy, ist strafbar. Man spricht von Nachstellung, wenn das normale Leben des Opfers dadurch beeinträchtigt wird. (§ 238 StGB)
→ Geldstrafe, Freiheitsstrafe bis zu 10 Jahren

Zur Erklärung: StGB : Strafgesetzbuch; KunstUrhG: Gesetz zum Urheberrecht

1.7 Zivilcourage – wie kann ich anderen helfen?

1. Beschreibe die Karikatur.

___

___

___

2. Interpretiere die Karikatur: Welches Problem wird hier angesprochen?

___

___

3. Vollende den Satz: „Zivilcourage ist für mich …

___

4. Lies die Beispiele. Beschreibe, wie Du Dich verhalten würdest.

___

   a) Zwei Schülerinnen Deiner Klasse lästern schon seit Wochen über die Kleidung eines Mitschülers. Sie fotografieren ihn und stellen die Fotos mit gemeinen Kommentaren in den Klassenchat.

   Deine Reaktion: ___

   b) Im Lager Deines Praktikumbetriebs wirst Du kurz vor Feierabend Zeuge, wie ein Auszubildender Werkzeuge in seine Tasche steckt und mitnimmt. Am nächsten Tag wird der Lager-Arbeiter („Lagerist“) beschuldigt, die Werkzeuge geklaut zu haben.

   Deine Reaktion: ___

   c) Nach dem Kino fährst Du mit dem Bus nach Hause. Zwei Betrunkene bedrängen ein Mädchen im Bus. Die anderen Fahrgäste tun so, als ob sie das nichts anginge. Auch der Busfahrer reagiert nicht.

   Deine Reaktion: ___

   d) Auf dem Schulhof siehst Du eine Menschenansammlung. Zwei Berufsschüler prügeln sich. Die ganze Klasse schaut der Prügelei zu und feuern sie an.

   Deine Reaktion: ___

5. Ordne die Aussagen den fünf Schritten in einer Notsituation zu.

   Aufmerksam sein – Handeln – Entscheiden, wie ich helfen kann – Verantwortung übernehmen – Situation beurteilen

Zivilcourage – So kann ich helfen

1. ___
„Hinschauen statt wegschauen“

2. ___
Welche Art Notsituation?

3. ___
„ICH werde helfen“

4. ___
„Dazwischen gehen? Andere zur Hilfe rufen? Notruf wählen?“

5. ___
Überlegtes Eingreifen

6. Beschreibe, was Zivilcourage fördert und was sie verhindert.

Das fördert Zivilcourage	Das verhindert Zivilcourage
z. B. wenn man das Opfer für unschuldig hält	z. B. wenn man denkt, dass der Konflikt selbst verschuldet ist
–	–
–	–
–	–
–	–

7. Unter „digitaler Zivilcourage" versteht man Zivilcourage in sozialen Netzwerken wie Facebook oder Instagram. Nenne Möglichkeiten, auch in sozialen Netzwerken anderen in Notsituationen zu helfen.

2 Drogen und Sucht

2.1 Alkohol – ‚Voll' in Ordnung?

Situation:

Anna (17) ist Praktikantin in einem Frisörsalon. Sie freut sich, dass ihr Freund Jan endlich seine Führerscheinprüfung bestanden hat. In der Mittagspause feiern sie das gemeinsam mit einer Flasche Sekt. Als Anna nachmittags in den Salon zurückkommt, riecht ihre Chefin den Alkohol und schickt sie sofort nach Hause. „Was hast Du Dir dabei gedacht? Ich kann Dich doch in diesem Zustand nicht auf Kunden loslassen. Das war jetzt schon das dritte Mal, dass sowas passiert!" Bei ihrer Bewerbung um einen Ausbildungsplatz erhält Anna vom Frisörsalon eine Absage.

1. Diskutiert in der Gruppe: Hat Annas Chefin recht oder übertreibt sie?

2. Lies nochmal in der Hausordnung der Schule nach: Welche Regelungen bezüglich Alkoholgenuss gibt es in Deiner Schule?

3. „Warum trinken Menschen Alkohol?" – Notiere in den drei Spalten Gründe, erwünschte Wirkungen und unerwünschte Folgen von Alkoholgenuss.

Gründe	Erwünschte Wirkungen	Unerwünschte Folgen
z. B. Neugier	z. B. Entspannt sein	z. B. Ungenaues Arbeiten
–	–	–
–	–	–
–	–	–

4. Wie stehst Du zu Alkohol? Vollende den Satz.

   Alkohol ist für mich ... ______

   Alkohol kann ... ______

   Alkohol bedeutet ... ______

   Alkohol macht mich ... ______

   Alkohol bewirkt bei mir ... ______

   Alkohol sollte ... ______

5. Der Blick ins Gesetzbuch: Anna (17) möchte für ihren Freund Jan eine kleine Überraschungsparty organisieren und geht dafür in den Supermarkt einkaufen. An der Kasse wird sie von der Kassiererin nach ihrem Alter gefragt.
   Nenne die Produkte, die Anna kaufen darf und welche nicht. Streiche die ihr verbotenen Produkte durch.

EINKAUFSLISTE

2 Sixpack Bier
2 Flaschen Cola
8 Dosen Mixery
1 Flasche Jägermeister
1 Flasche Weißwein
1 Flasche Sekt
1 Flasche Wodka
2 Flaschen Orangensaft
1 Flasche Bitter Lemon
Knabbersachen

Jugendschutzgesetz (JuSchG)

§ 9 Alkoholische Getränke

(1) In Gaststätten, Verkaufsstellen oder sonst in der Öffentlichkeit dürfen

1. Bier, Wein, weinähnliche Getränke oder Schaumwein oder Mischungen von Bier, Wein, weinähnlichen Getränken oder Schaumwein mit nichtalkoholischen Getränken an Kinder und Jugendliche unter 16 Jahren,
2. andere alkoholische Getränke oder Lebensmittel, die andere alkoholische Getränke in nicht nur geringfügiger Menge enthalten, an Kinder und Jugendliche

weder abgegeben noch darf ihnen der Verzehr gestattet werden.

2.2 Cannabis – alles andere als harmlos!

Situation:

Anna war am Vortag noch lange bei Jan daheim und ist erst spät ins Bett gekommen. Um die Nachwirkungen der kurzen Nacht und ihre Lustlosigkeit zu bekämpfen, raucht sie vor der Schule erst mal einen Joint.
Der Lehrer erkennt schnell, dass Anna kaum ansprechbar ist und sie die typischen roten Augen vom Kiffen hat.

1. Welche Konsequenzen muss Anna in der Schule jetzt durch ihr Verhalten erwarten?

   ______

   ______

2. Finde im Buchstabenrätsel Begriffe zum Thema Cannabiskonsum.
   Diese zehn Begriffe sind versteckt:

   ____
   ____
   ____
   ____
   ____
   ____
   ____
   ____
   ____
   ____

J	W	Y	G	E	N	U	S	S	R
C	P	O	I	R	A	U	S	C	H
W	A	R	D	R	O	G	E	N	K
V	T	N	O	H	V	B	N	T	S
R	R	A	N	B	U	L	D	H	S
U	Q	M	B	A	L	A	E	C	E
J	U	N	D	A	B	E	D	U	R
N	R	X	K	Z	K	I	M	S	T
S	E	N	T	Z	U	G	S	E	S
I	K	R	A	N	K	H	E	I	T

© dpa/Weslend61

3. Suche Dir einen der oberen Begriffe aus und beschreibe den Zusammenhang zwischen diesen Begriffen mit dem Thema „Cannabis – alles andere als harmlos!“

   ____
   ____

4. Recherchiere im Internet die Rechtslage zum Kauf, Besitz und Konsum von Cannabisprodukten.
   Notiere die wichtigsten Regelungen.
   TIPP: Du findest Informationen, indem Du den QR-Code mit Deinem Smartphone scannst.

   https://de.m.wikipedia.org/wiki/Rechtslage_von_Cannabis

   ____
   ____
   ____
   ____

5. Führt in der Klasse eine Pro-Contra-Diskussion zum Thema „Legalisierung von Cannabis“. Als Hilfe dienen Euch die unten aufgeführten Argumente. Ihr könnt auch eigene, weitere Argumente benutzen.

Argumente für eine Legalisierung:

Durch ein Verbot würde der Stoff unkontrolliert und mit stärkerem Wirkstoff gezüchtet.
Alkohol trinken ist auch erlaubt und ist schädlicher für den Körper als Kiffen.
Durch legales Verkaufen kann man Altersbegrenzungen besser überprüfen.
Durch legale Verkaufsstellen gerät man nicht in Kontakt mit anderen, härteren Drogen.
Die Polizei hat mehr Zeit für wichtigere Aufgaben als Cannabisdelikte.
Der Staat würde Steuern durch den Verkauf einnehmen.

© AlenKadr – stock.adobe.com

Argumente gegen eine Legalisierung:

Cannabis-Rauchen schädigt die Lunge.
Der Hauptstoff THC verursacht Psychosen.
Cannabis-Konsum kann süchtig machen.
Cannabis ist eine Einstiegsdroge, die Nutzer versuchen später auch andere Drogen.
Cannabis verursacht Konzentrationsprobleme, Herzinfarkte und „Backflashs“.
Mehr legale Drogen bedeutet mehr Verkehrsunfälle und mehr Straftaten unter Drogeneinfluss.

© AlenKadr – stock.adobe.com

Eigene Argumente für eine Legalisierung:

© AlenKadr – stock.adobe.com

Eigene Argumente gegen eine Legalisierung:

© AlenKadr– stock.adobe.com

Nicht alle Süchte sind auf den ersten Blick als Sucht zu erkennen:

Unter einer *„stoffgebundenen Sucht"* versteht man die Sucht nach einer Droge. Alkohol- und Cannabissucht sind Beispiele für stoffgebundene Süchte. Wer regelmäßig diese Drogen zu sich nimmt, damit er fröhlicher, gelassener oder leistungsfähiger ist, ist schon von dieser Droge abhängig.

Eine *„stoffungebundene Sucht"* ist eine Sucht ohne Drogen. Die Abhängigen sind nicht süchtig nach einer bestimmten Substanz, sondern nach einer bestimmten Verhaltensweise, die sie nicht mehr kontrollieren können, z. B. die Spielsucht oder die Kaufsucht.

6. Welche weiteren Süchte kennst Du? Nenne stoffgebundene Süchte und stoffungebundene Süchte.

Stoffgebundene Süchte:

Stoffungebundene Süchte:

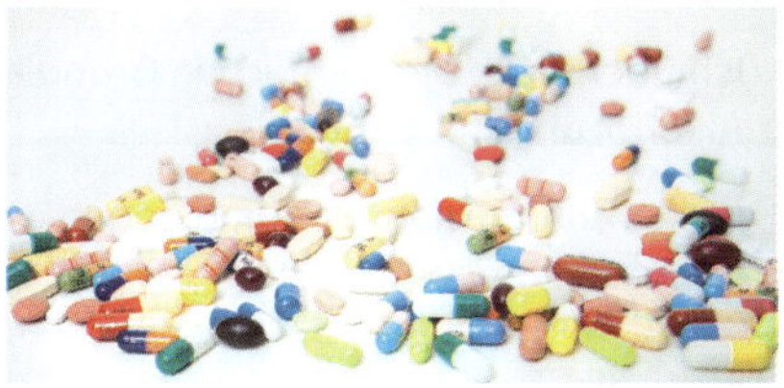

© Kaesler Media – stock.adobe.com

Situation: Jan ist Schüler in der AV. Aber die Schule ist ihm gerade nicht so wichtig. Nicht nur am Wochenende trifft er sich mit seinen Kumpels. Bevor sie in die Stadt losziehen, trinken sie zuhause ein paar Bier und rauchen mehrere Joints. Um die langen Nächte zu überstehen, schnieft er zwischendurch Crystal Meth. Wenn er in der Disko Pillen angeboten bekommt, überlegt er nicht lange und wirft sie sich ein. Am nächsten Morgen ist Jan müde und fast nicht ansprechbar. Wenn er nach dem Aufstehen zwei Zigaretten und einen Joint raucht, ist wenigstens das Zittern weg.

7. Beschreibe Gefahren, wenn man mehrere Drogen gleichzeitig nimmt.

8. Was würdest Du Jan raten, wenn er ein Mitschüler Deiner Klasse wäre?

9. „Quit that shit." Recherchiere im Internet nach einer Beratungsstelle bei Drogen- und Suchtproblemen in Deiner Nähe. Schreibe hier den Namen, Adresse und die Telefonnummer der Beratungsstelle auf:

Alles gecheckt?

Überprüfe selbst, was Du in diesem Kapitel alles gelernt hast.

	Stimmt vollkommen	Stimmt teilweise	Stimmt nicht	Tipps zum Nacharbeiten
Ich kann die von mir erwarteten Verhaltensweisen im Betrieb und in der Schule beschreiben.	☐	☐	☐	Seite 37–38
Ich erkenne, dass Konflikte mit zum betrieblichen Alltag gehören.	☐	☐	☐	Seite 39–40
Ich kann mich im Konflikt passend ausdrücken, um den Streit zu verhindern oder einzudämmen.	☐	☐	☐	Seite 42
Ich erkenne, dass meine Mimik und Körperhaltung etwas über meine Gedanken verraten.	☐	☐	☐	Seite 41
Ich nehme konstruktive Kritik als etwas Positives an.	☐	☐	☐	Seite 43
Ich äußere Kritik in einer sachlichen Weise.	☐	☐	☐	Seite 43
Ich verstehe die rechtlichen Folgen von Mobbing.	☐	☐	☐	Seite 44
Ich kann in Notsituationen überlegt eingreifen.	☐	☐	☐	Seite 45
Ich kann die Folgen von Alkohol- und Drogenkonsum für meine weitere schulische Laufbahn beschreiben.	☐	☐	☐	Seite 46
Ich überblicke die rechtlichen Grundlagen im Umgang mit Alkohol und mit Cannabis.	☐	☐	☐	Seite 47–48
Ich kann Argumente für und gegen die Legalisierung von Cannabis nennen.	☐	☐	☐	Seite 48–48
Ich kenne eine Anlaufstelle bei Problemen mit Drogen und Sucht.	☐	☐	☐	Seite 49

Notiere Dir hier Fragen, die offengeblieben sind:

____

____

____

____

Lerngebiet 4: Verantwortungsvoll wirtschaften

1 Umgang mit Geld

2 Haushalt und Einkaufen

3 Umgang mit Schulden

1 Umgang mit Geld

1.1 Mein erstes Girokonto

Eine Alternative zum Bargeld ist das Bezahlen mit der Girocard („EC-Karte").

Um eine Bankkarte zu bekommen, muss man ein Girokonto eröffnen. Auf diesem Girokonto werden Eingänge und Abgänge verbucht.

Ein Girokonto eröffnen darf man:

- Ab einem Alter von sieben Jahren mit Zustimmung des gesetzlichen Vertreters
- Ab dem 18. Lebensjahr ohne Zustimmung des gesetzlichen Vertreters

Hanna (18) möchte einige Ihrer Ausgaben über das Girokonto tätigen.

© Drobot Dean – stock.adobe.com

1. Kreuze die für Dich günstigste Zahlungsart an:

	bar	bargeldlos
Kauf eines T-Shirts		
Geschenk für ihren Freund Max		
Handyrechnung		
Beitrag für Handballverein		

2. Überlege Dir Gründe, warum Hanna einige ihrer Ausgaben besser bar bezahlt und andere besser mit der Girocard („EC-Karte").

Gründe für Barzahlung:

- ______
- ______
- ______

Gründe für Bezahlen mit der Girocard („EC-Karte"):

- ______
- ______
- ______

Über das Girokonto gibt es mehrere **Bezahlverfahren**:

- **ÜBERWEISUNG**
  Man erteilt der Bank (auch Kreditinstitut genannt) den Auftrag, einen bestimmten Betrag vom eigenen Girokonto auf das Empfängerkonto zu buchen.
- **DAUERAUFTRAG**
  Man erteilt der Bank die Berechtigung, einem Mobilfunkanbieter oder einem Verein z. B. immer die gleiche Summe zu einem bestimmten Zeitpunkt regelmäßig zu überweisen.
- **LASTSCHRIFT**
  Man erteilt einem Zahlungsempfänger die Erlaubnis, Geld vom Girokonto abzubuchen, z. B. an der Supermarktkasse.

3. Entscheide, welches Bezahlverfahren in den folgenden Fällen sinnvoll ist.

Fall 1: Hanna hat jetzt ihre erste eigene Wohnung. Sie muss zum 1. jeden Monats 360 Euro Miete bezahlen. Vermieter: Hans Müller IBAN DE12 3408 4597 0086 7621 34 Saarlandbank	☐ Überweisung ☐ Dauerauftrag ☐ Lastschrift
Fall 2: Der Anbieter für das Festnetz und den Internetzugang für die Wohnung fragt an, ob er monatlich die anfallenden Rechnungskosten abbuchen kann. Telefonanbieter: Saar-Talk IBAN DE29 7898 2389 0131 7634 56 Powerbank	☐ Überweisung ☐ Dauerauftrag ☐ Lastschrift
Fall 3: Hanna hat eine neue Couch bekommen. Nachdem die Möbelfirma die Couch geliefert hat, geben die Möbelpacker Hanna die Rechnung. Möbelfirma: Müller GmbH IBAN DE12 3408 4597 0131 3334 34 Saarlandbank	☐ Überweisung ☐ Dauerauftrag ☐ Lastschrift

4. Fülle folgende Tabelle mit Hilfe der Daten aus den Fällen 1–3 aus:

Fälle	Zahlungsempfänger	IBAN*	Bank
Fall 1			
Fall 2			
Fall 3			

* IBAN = Die Internationale Bankkontonummer (englisch International Bank Account Number, abgekürzt IBAN), setzt sich folgendermaßen zusammen:

- 2-stelliger, alphabetischer Ländercode (LL)
- 2-stellige, nummerische Prüfziffer (PZ)
- Maximal 30-stellige Basic Bank Account Number (BBAN), bestehend aus Bankidentifikation (IID) und Kontoidentifikation IBAN

DE21 **20050000 0123456000** XXXXXX

Alpha-Ländercode
Prüfziffer
Bankleitzahl (Sorting Code) im Empfängerland
Für Deutschland max. 10-stellige Kontonr. (mit Nullen aufgefüllt)
Feldlängen für andere Länder

Quelle: https://www.iban.de/berechnung_iban.html

5. Trage die Daten eines oben genannten Falles ein, den Du per Überweisung geregelt hast.

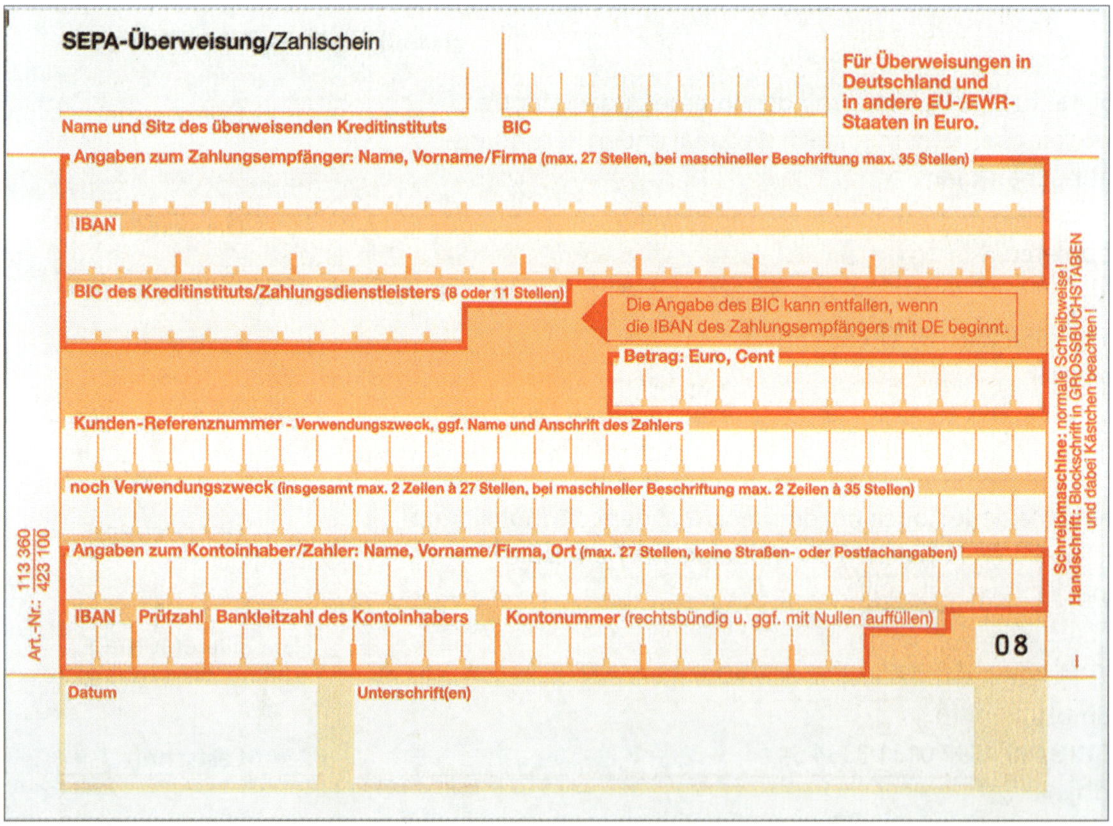
SEPA-Überweisung/Zahlschein
Name und Sitz des überweisenden Kreditinstituts
BIC
Für Überweisungen in Deutschland und in andere EU-/EWR-Staaten in Euro.
Angaben zum Zahlungsempfänger: Name, Vorname/Firma (max. 27 Stellen, bei maschineller Beschriftung max. 35 Stellen)
IBAN
BIC des Kreditinstituts/Zahlungsdienstleisters (8 oder 11 Stellen)
Die Angabe des BIC kann entfallen, wenn die IBAN des Zahlungsempfängers mit DE beginnt.
Betrag: Euro, Cent
Kunden-Referenznummer - Verwendungszweck, ggf. Name und Anschrift des Zahlers
noch Verwendungszweck (insgesamt max. 2 Zeilen à 27 Stellen, bei maschineller Beschriftung max. 2 Zeilen à 35 Stellen)
Angaben zum Kontoinhaber/Zahler: Name, Vorname/Firma, Ort (max. 27 Stellen, keine Straßen- oder Postfachangaben)
IBAN Prüfzahl Bankleitzahl des Kontoinhabers Kontonummer (rechtsbündig u. ggf. mit Nullen auffüllen)
08
Datum
Unterschrift(en)
Art.-Nr.: 113 360 423 100
Schreibmaschine: normale Schreibweise! Handschrift: Blockschrift in GROSSBUCHSTABEN und dabei Kästchen beachten!

Weitere, moderne Bezahlverfahren:

Es gibt das NFC (Near Field Communication)-Verfahren. Dies gilt für:

- **die Bankkarte (mit NFC)** = Mit Hilfe eines Chips in der Karte kann man kontaktlos bezahlen. Die Karte muss nur in die Nähe des Kartenlesegerätes gehalten werden (weniger als 4 cm Abstand). Ab einem Betrag von 25 € ist erst die PIN notwendig.

  Tipp: Die Karte sollte in speziellen Hüllen oder dem Geldbeutel aufbewahrt werden. So kann ein Aussponieren verhindert werden.

© Nattakom – stock.adobe.com

- **das Smartphone (mit NFC)** = In einem NFC-fähigen Smartphone muss man seine Bankdaten in einer App gespeichert haben (z. B. Apps von Banken, Google oder Apple Pay). Auch hier gilt ein Abstand von weniger als 4 cm zum Kartelesegerät.

  Tipp: Das Entsperren des Smartphones am besten nur mit Fingerabdruck oder Gesichtserkennung möglich machen!

© amixstudio – stock.adobe.com

6. Fülle den folgenden Lückentext aus. Benutze die folgenden Wörter dazu.

   ACHTUNG: Zwei Wörter sind zu viel.

   Bankkarte – Bank – Barzahlung – Überweisung – Dauerauftrag – Rechnung – Smartphone – Erlaubnis

   Wenn man kleinere Beträge zu bezahlen hat, wie beispielsweise das Brötchen beim Bäcker oder ein T-Shirt im Geschäft, dann nutzt man am besten die ________________. Man kann diese Beträge aber auch ganz einfach mit modernen Bezahlverfahren begleichen. Es gibt das NFC-Verfahren bei der ________________ und dem ________________. Wenn man beispielsweise eine größere Summe auf Rechnung zu bezahlen hat, dann wählt man die ________________________.
   Hierzu braucht man Daten wie z. B. den Zahlungsempfänger, die IBAN und den Verwendungszeck.
   Bei einem Betrag, den man regelmäßig monatlich begleichen muss, kann man dies per ________________ erledigen.
   Wenn man seine monatliche Festnetzabrechnung begleichen will, dann kann man dem Anbieter die ________________________ erteilen, den Betrag per Lastschriftverfahren einzuziehen.

7. Recherchiere im Internet zu dem häufig genutzten Online-Bezahldienst Pay-Pal und beantworte die folgenden Fragen.
   a) Für welche Zahlungen wird Pay-Pal vorzugsweise verwendet?
   b) In wie vielen Währungen ist die Bezahlung mit Pay-Pal möglich?
   c) Nenne zwei Kritikpunkte an dem Online-Bezahldienst Pay-Pal.

1.2 Immer schön den Überblick behalten

Seine Ein- und Abgänge auf dem Girokonto sollte man im Blick haben:

Diese kann man

- beim Online-Banking auf der Homepage der entsprechenden Bank mit seinen Zugangsdaten einsehen oder
- man lässt sich mit seiner Giro-Karte an einem Automaten der Bank die Kontoauszüge ausdrucken.

© bygimmy – stock.adobe.com

1. Nenne zwei Gründe, warum es wichtig ist, die Kontoauszüge regelmäßig – ob online oder gedruckt – zu kontrollieren.

____

____

Online-/Mobile-Banking

Um Zeit zu sparen, kann man fast alle Bankgeschäfte online oder mit dem Smartphone erledigen. Das nennt man *Online-* oder *Mobile-Banking*.

So braucht man z. B. die Überweisung nicht mehr auf Papier auszufüllen, sondern kann dies bequem von zuhause aus am Rechner oder am Smartphone erledigen.

2. Schau Dir folgende E- Mails an.

a)

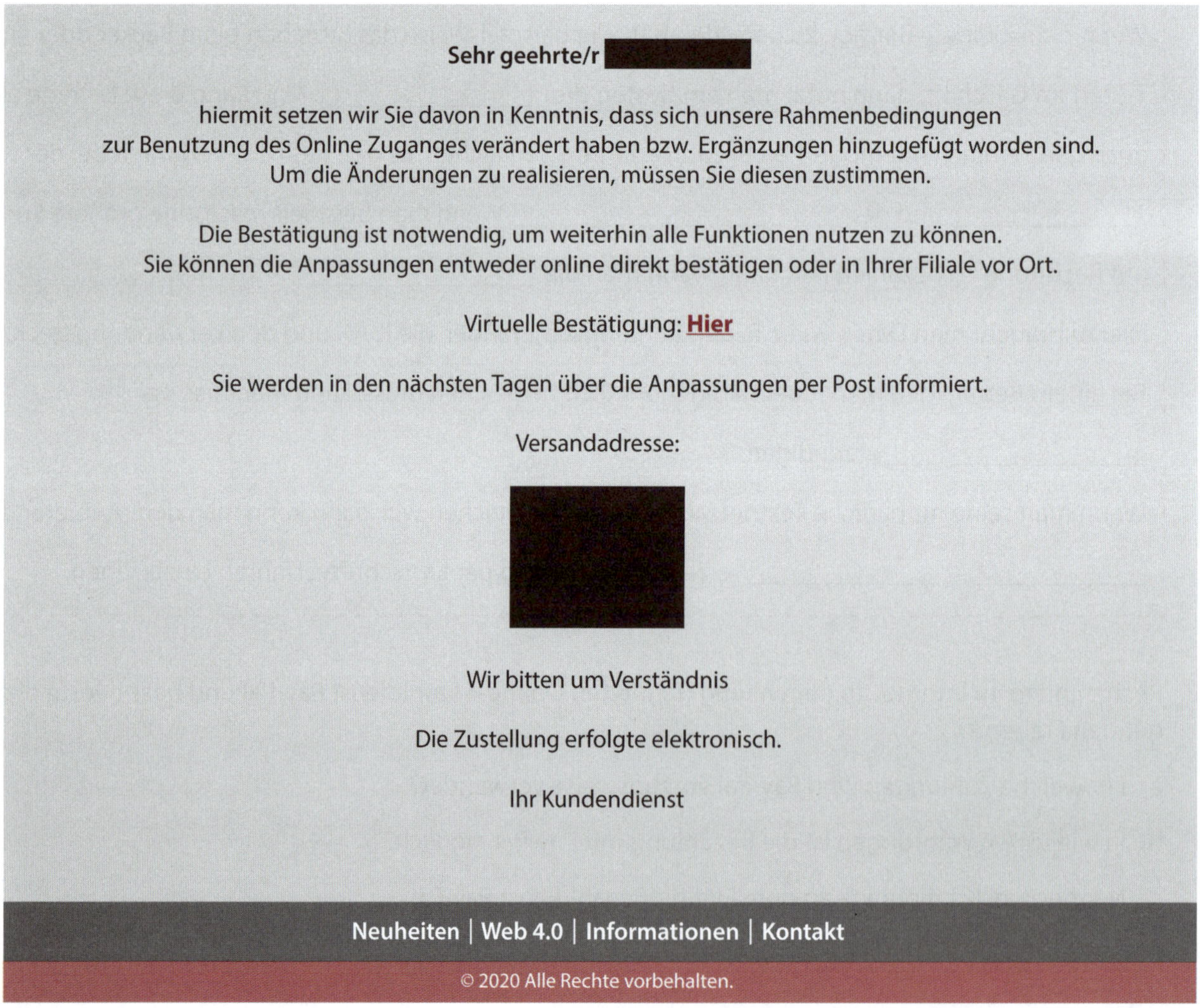

Sehr geehrte/r ▇▇▇▇▇▇

hiermit setzen wir Sie davon in Kenntnis, dass sich unsere Rahmenbedingungen
zur Benutzung des Online Zuganges verändert haben bzw. Ergänzungen hinzugefügt worden sind.
Um die Änderungen zu realisieren, müssen Sie diesen zustimmen.

Die Bestätigung ist notwendig, um weiterhin alle Funktionen nutzen zu können.
Sie können die Anpassungen entweder online direkt bestätigen oder in Ihrer Filiale vor Ort.

Virtuelle Bestätigung: **Hier**

Sie werden in den nächsten Tagen über die Anpassungen per Post informiert.

Versandadresse:

Wir bitten um Verständnis

Die Zustellung erfolgte elektronisch.

Ihr Kundendienst

Neuheiten | Web 4.0 | Informationen | Kontakt

© 2020 Alle Rechte vorbehalten.

https://www.verbraucherzentrale.de/wissen/digitale-welt/phishingradar/phishingradar-aktuelle-warnungen-6059 b)

PeyPol 09.04.20xx

Sehr geehrte/r Kunde/Kundin,

Bitte unterstützen Sie uns dabei. Ihr Konto wieder in Sicherheit zu bringen.

Bis dahin haben wir den Zugang zu Ihrem PeyPol-Konto eingeschränkt.

Wo liegt das Problem?

Bei ihrer letzten Anmeldung sind uns ungewöhnliche Tätigkeiten aufgefallen.

Klicken Sie auf den untenstehenden Link, um die Richtigkeit Ihrer Daten zu bestätigen.

Danke fur Ihr Verständniss!

Der Kundenservice von PeyPol

Dies sind so genannte *Phishing-Mails*. Dies sind Mails von Betrügern, die dadurch an heikle Daten wie Kontonummern, Passwörter usw. kommen wollen.

Phishing Mails haben bestimmt Merkmale, die nachfolgend in der Tabelle stehen.

3. Kreuze an, welche der Merkmale auf die beiden E-Mails zutreffen (mind. 4 Antwortmöglichkeiten sind richtig).

Rechtschreib-, Grammatik oder Zeichensetzungsfehler	
Mails in fremder Sprache	
Fehlender Name (z. B. nur mit „Sehr geehrter Kunde“)	
Aufforderung zum dringenden Handlungsbedarf	
Aufforderung zur Öffnung einer Datei, eines Links usw.	
Aufforderung zur Eingabe von Daten	

Check this out!

Die folgende Checkliste solltest Du beim Online-Banking beachten:

- Nicht auf unseriöse E-Mails („Phishing") reagieren.
- Um letzte Zweifel bei der E-Mail zu beseitigen, den „Mail-Header" anschauen; dort steht die IP-Adresse des Absenders. Nur diese ist fälschungssicher (bei „Ansicht", „Optionen" oder unten im Quelltext).
- beim Online-Banking kein frei zugängliches WLAN nutzen.
- Bankdaten sicher aufbewahren.
- sich vom Konto abmelden und nicht nur die Internetseite schließen.
- Sichere Passwörter verwenden.

„Dein Schutz" – Die Geschäftsfähigkeit

Die Geschäftsfähigkeit ist die Voraussetzung dafür, Geschäfte abzuschließen.

Man unterscheidet je nach Alter *drei verschiedene Stufen* der Geschäftsfähigkeit:

4. Ordne den drei Stufen die jeweiligen drei Oberbegriffe zu.

Beschränkte Geschäftsfähigkeit

Geschäftsunfähigkeit

Volle Geschäftsfähigkeit

3.

- Personen ab dem vollendeten 18. Lebensjahr
- Ausnahmen: Personen mit andauernden Zustand krankhafter Störung der Geistestätigkeit

2.

- Personen vom vollendeten 7. bis zum vollendeten 18. Lebensjahr

1.

- Kinder bis zum vollendeten 7. Lebensjahr
- Menschen mit krankhafter Störung der Geistestätigkeit

2 Haushalt und Einkaufen

2.1 Geld im Griff?

1. Schau Dir folgende Grafik zum Geldausgeben von Jugendlichen in Deinem Alter an.

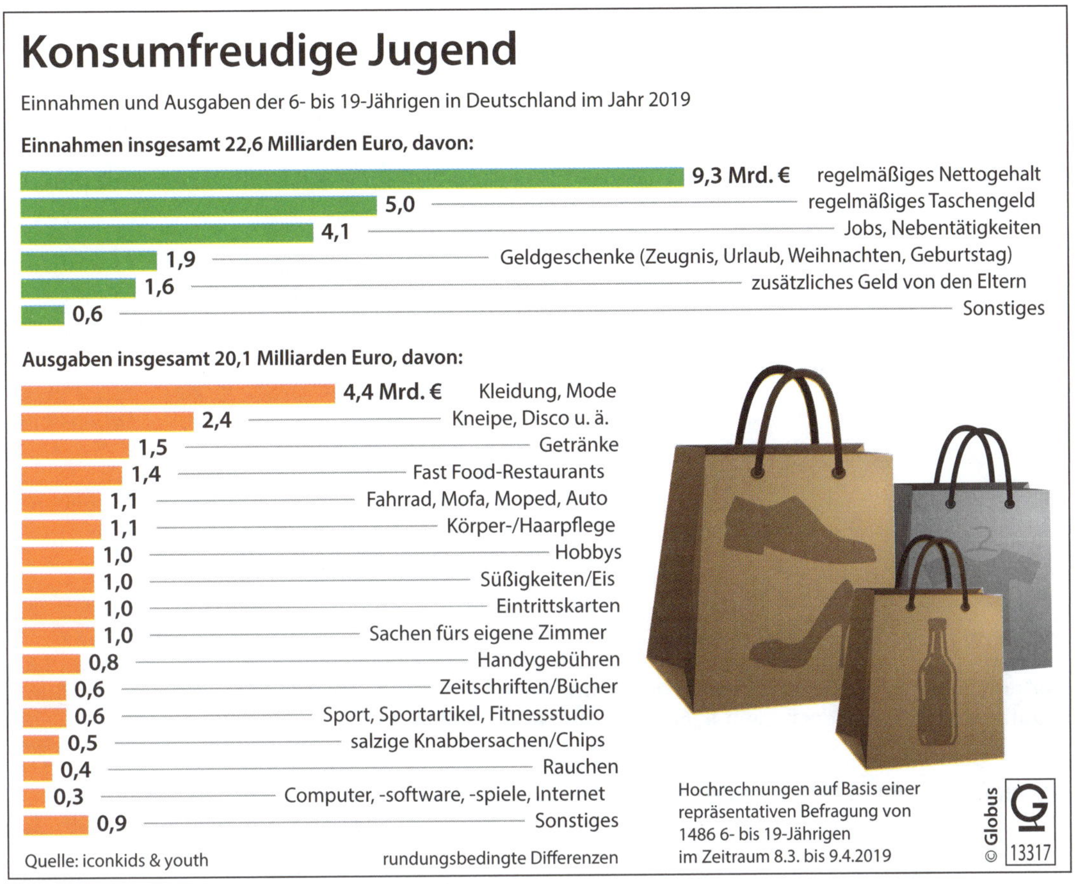

2. Erstelle (unten in dem Kasten) eine Tabelle zu Deinen monatlichen Ausgaben.

3. Überlege Dir nun, welche Kosten fix (fest) sind und welche Kosten veränderlich (variabel) sind.

4. Kreise diese Kosten jeweils mit „schwarz" für fixe Kosten und „blau" für veränderbare Kosten ein.

   z. B. (Miete) oder (Kinobesuch (3x im Monat))

- Damit man seine Ein- und Ausgaben wie ein Experte im Griff hat, kann man sich eine Übersicht (Finanzcheck) erstellen.
- Dort ordnet man seine festen und veränderlichen Ein- und Ausgaben mit dem Betrag ein.
- Am Schluss rechnet man die jeweiligen Summen aus. Dann kann man auch feststellen, ob man im Plus oder Minus insgesamt ist.

+		−	
Feste Einnahmen	**Veränderliche Einnahmen**	**Feste Ausgaben**	**Veränderliche Ausgaben**
1000,00 € Lohn	/	350,00 € Miete	300,00 € Lebensmittel
/	/	5,00€ Fußballverein 45,00€ Handy	100,00€ Ausgehen, Kino
Summe: **1000,00 Euro**		**Summe:** **400,00** **400,00** **800,00 Euro**	
Die Differenz beträgt 200,00 Euro. Das ist ok, denn hier kann man noch Geld sparen. Man hat Geld zur Verfügung, wenn etwas kaputt geht oder man doch mehr in einem Monat ausgeben muss.			

5. Fülle die Tabelle mit Deinen Ein- und Ausgaben aus.

+		−	
Feste Einnahmen	**Veränderliche Einnahmen**	**Feste Ausgaben**	**Veränderliche Ausgaben**
Summe:		**Summe:**	

2.2 Nachhaltiges Einkaufen

Unterschiedliches Konsumverhalten:

Dominik ist ein fleißiger Schüler und geht nebenbei noch Zeitungen austragen. Er gibt sehr viel Geld für Klamotten aus, schaut auch ab und an auf Marken. Er will seinen Freunden gefallen. Außerdem isst er gerne Fleisch, will aber wenig dafür ausgeben.

Sinah hat in letzter Zeit viele Berichte über die Klimaproblematik gesehen, sie will der Natur und Umwelt helfen. Ihr tun auch die Arbeiter in vielen armen Ländern leid, die unter schwierigen Umständen und für wenig Geld unsere Kleider produzieren.

1. Nenne Gründe für Sinahs und Dominiks Konsumverhalten (s. Kästchen „Gründe für ein bestimmtes Konsumverhalten).

- Freunden oder Familie gefallen,
- in der Schule angeben,
- Angst vor Mobbing

- der Umwelt helfen,
- Tieren helfen und sie schützen,
- das Klima verbessern,
- die Natur schützen

- Arbeitern in ärmeren Ländern helfen,
- helfen, dass die Arbeiter unter besseren Bedingungen arbeiten

- Geld sparen,
- wenig Geld zur Verfügung haben

Sinah achtet darauf, dass sie nachhaltig einkauft.

Das Thema Nachhaltigkeit beschäftigt weltweit viele Menschen.

Dies bedeutet:

- Nur so viel verbrauchen, dass der Lebensraum zukünftiger Generationen nicht gefährdet ist *(z. B. Verringerung des Klimawandels)*
- Schutz der Erde, der Natur und all ihrer Lebewesen *(z. B. kein Plastik in der Natur, in den Meeren)*
- Nachhaltiger Konsum betrifft das Nutzungs- und Entsorgungsverhalten im Alltag *(z. B. kein Müll in die Wälder)*

2. Beschreibe Möglichkeiten, wie Dominik nachhaltiger einkaufen könnte.

Recherchiere dazu auf den Internetseiten im darunter stehenden Kasten.

- ______
- ______
- ______
- ______
- ______
- ______

https://www.klimaschutz-lkgi.de/ecm-politik/lkgi/de/home/info/id/30

https://eatsmarter.de/sites/default/files/saisonkalender_obst_und_gemuese.pdf

https://www.regioapp.org/

https://www.nachhaltiger-warenkorb.de/nachhaltiger-konsum/die-ersten-schritte/

3 Umgang mit Schulden

3.1 Schuldenfallen erkennen

Schau Dir folgende Bilder an und zähle auf, welche Produkte und Leistungen auf Dauer zur Verschuldung führen können.

© Yuri Bizgaimer – stock.adobe.com

© REDPIXEL – stock.adobe.com

© Farknot Architext – stock.adobe.com

© agcreativelab – stock.adobe.com

© american911 – stock.adobe.com

© New Africa – stock.adobe.com

3.2 Gut gewappnet gegen Schuldenfallen

Myriam macht regelmäßig einen Finanzcheck über ihre Ein- und Abgänge. Somit weiß sie genau, was ihr Konto hergibt.

Außerdem bezahlt sie nur notwendige Sachen mit der Bankkarte, alles andere bar. Sie überprüft ihre Finanzen regelmäßig auf dem Girokonto.

Ratenkaufverträge würde sie niemals abschließen. Sie verzichtet auch mal lieber auf ein neues Spiel, anstatt den Druck zu spüren, Schulden zu haben und sie nicht begleichen zu können.

Oma sagt immer: „Man kann nur das Geld ausgeben, das man auch hat." Darauf hört sie und spart. Umso mehr freut sie sich dann, wenn sie Geld nach einigen Wochen übrig hat, um sich etwas davon zu kaufen.

1. Schreibe in Stichpunkten heraus, welche Mittel Myriam verfolgt, um eine Verschuldung zu vermeiden.

Alles gecheckt?

Überprüfe selbst, was Du in diesem Kapitel alles gelernt hast.

	Stimmt vollkommen	Stimmt teilweise	Stimmt nicht	Tipps zum Nacharbeiten
Ich kenne die Vor- und Nachteile von Bargeldzahlung bzw. mit Girokarte.	☐	☐	☐	Seite 52
Ich kenne die verschiedenen – auch modernen – Bezahlverfahren innerhalb des Girokontos.	☐	☐	☐	Seite 53–55
Ich weiß, wie ich den Überblick auf meinem Konto behalte.	☐	☐	☐	Seite 55–56
Ich kenne die Gefahren von unseriösen Mails („Phishing-Mails") und weiß, was ich beim Online-Banking beachten muss.	☐	☐	☐	Seite 56–57
Ich kenne die unterschiedlichen Stufen der Geschäftsfähigkeit	☐	☐	☐	Seite 58
Ich weiß, wie ich meine Einnahmen und Ausgaben im Haushalt im Griff behalte.	☐	☐	☐	Seite 59–60
Ich kenne Möglichkeiten, nachhaltig einzukaufen.	☐	☐	☐	Seite 61–62
Ich erkenne Produkte und Leistungen, die auf Dauer zur Verschuldung führen können.	☐	☐	☐	Seite 63

Notiere Dir hier Fragen, die offengeblieben sind:

____

____

____

____

Lerngebiet 5:
Moderne Medien reflektiert nutzen

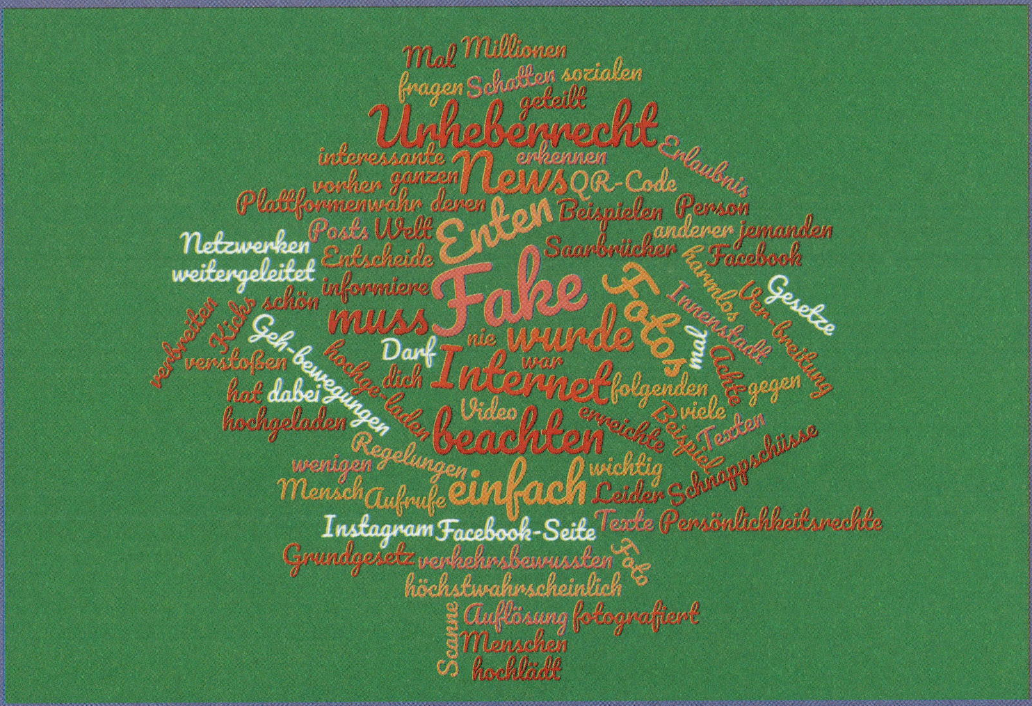

1 Nutzung digitaler Medien

2 Umgang mit Daten und Informationen

1 Nutzung digitaler Medien

1.1 „Smart mobil" – Möglichkeiten digitaler Mediennutzung in meinem Berufsfeld und in der Schule

Ergänze die folgende Tabelle:

1. Suche die App im Internet (siehe App-Name).
2. Nenne ihren Einsatzbereich (Schule, Betrieb, beides).
3. Fasse die Einsatzmöglichkeiten der App stichwortartig zusammen.
4. Bewerte die App (sehr gut, gut, ...) und stelle sie Deinen Mitschülern vor.

App-Name	**Einsatzbereich (Schule, Betrieb, beides)**	**Zusammenfassung der Funktionen**	**Deine Bewertung**
SchoolFox			
Vokabel-trainer			
König der Mathematik			

App-Name	Einsatzbereich (Schule, Betrieb, beides)	Zusammenfassung der Funktionen	Deine Bewertung
Berufe Entdecker			
Azubi App			
The simple Club			

Virtual Reality (VR) und Augmented Reality (AR)

Dabei handelt es sich um Technologien, die mit Sicherheit die Zukunft der Bildung und die Zukunft der Arbeitswelt verändern werden.

In der Schule und im Betrieb lassen sich viele technische Abläufe mit Hilfe von Computerprogrammen optisch darstellen. Die Realität wird simuliert, was so viel wie nachgeahmt heißt.

Die Abläufe in dem Schaltgetriebe eines KFZ können z. B. so gezeigt werden, als ob man in den Motor hineinschauen könnte. In der Fachsprache heißt das „Virtual Reality" (VR) und bedeutet, dass die Realität durch einen Computer dargestellt wird.

„Augmented Reality" (AR) heißt auf Deutsch „erweiterte Realität". Sehr bekannt ist es vom Skispringen. Mit farbigen Streifen können dort die Sprungweiten der Wettbewerber eingeblendet werden. Bei Fußballübertragungen im Fernsehen kann z. B. die Entfernung eines Spielers zum Tor angezeigt werden.

VR

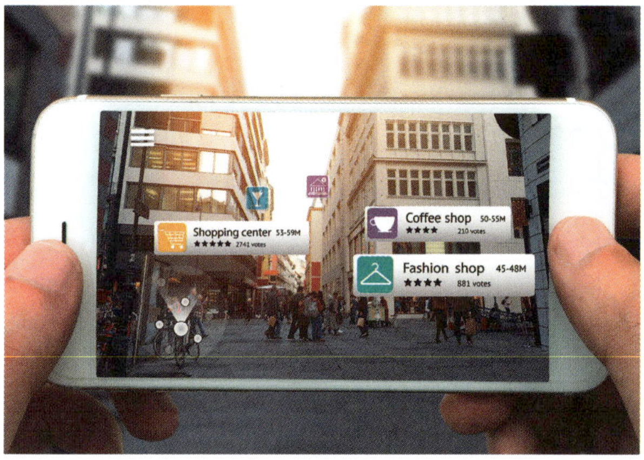

AR

Im nachstehenden Clip wird beispielhaft die „Virtuelle Realität" und die „Erweiterte Realität" anschaulich erklärt.

https://www.youtube.com/watch?v=uMrTanwaTjQ

5. Bilde mit den Satzteilen sinnvolle Aussagen zur „Virtual Reality" und „Augmented Reality".

die reale Umwelt	Der Nutzer nimmt	Der Nutzer sieht
nicht mehr wahr, er	benötigt er zum Beispiel	die reale Welt,
ein Smartphone oder Tablet.	mit zusätzlichen Informationen, dazu	erlebt eine virtuelle Realität, mit
		Hilfe einer speziellen Brille.

1.2 Selbstdarstellung in sozialen Netzwerken

1. Mach ein Foto von Deinem Freund oder Deiner Freundin. Beantworte alle untenstehenden Fragen. Folge den jeweiligen Ratschlägen und nur wenn Du bei Punkt 7 angekommen bist, zeige das Foto in der Klasse.

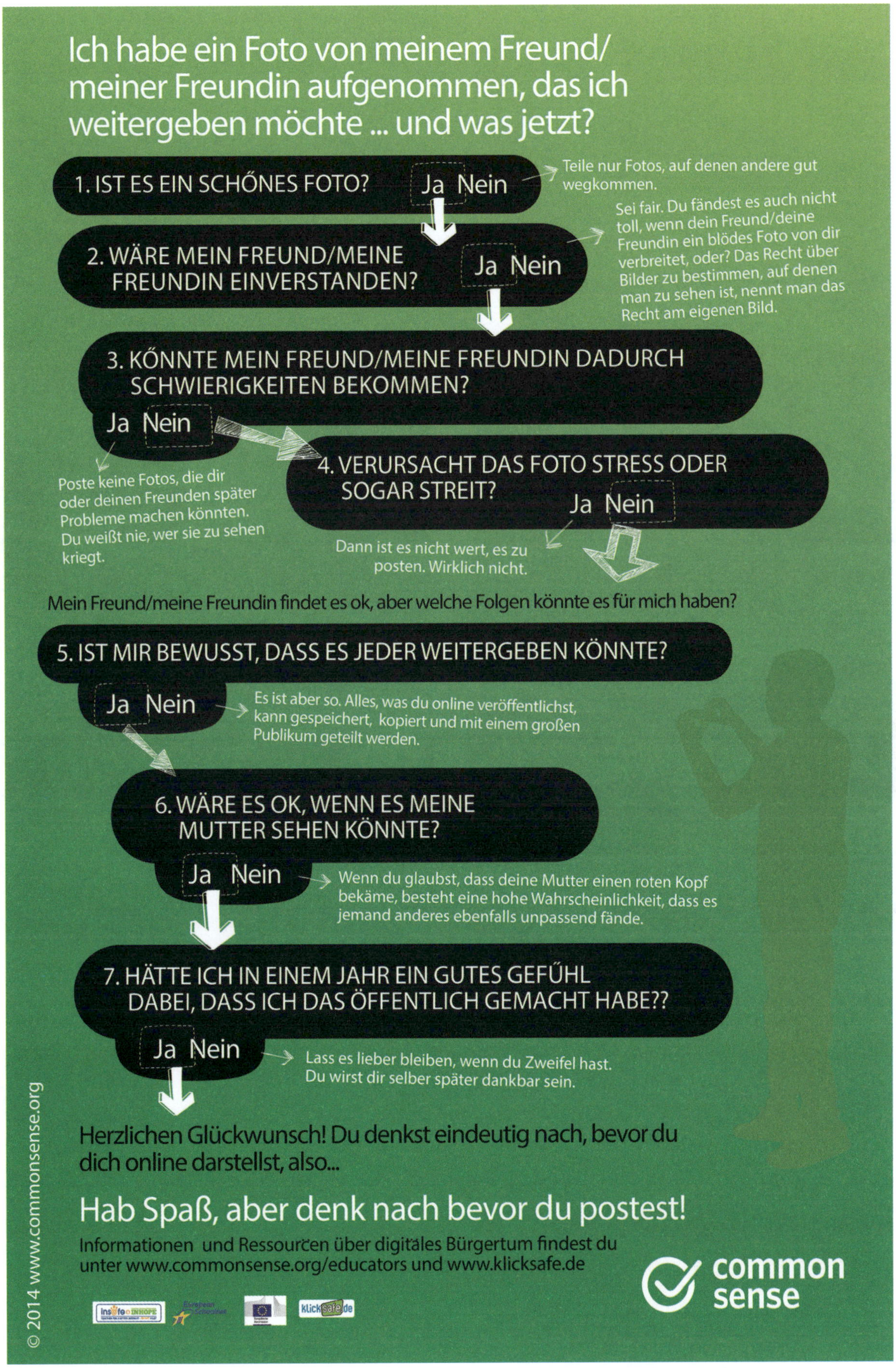

https://www.klicksafe.de/service/aktuelles/infografiken/

2. Welche Eigenschaften finden mögliche Ausbildungsbetriebe von Dir, wenn sie im Netz nach Deinem Namen suchen? Welche Einträge sollten mögliche Ausbildungsbetriebe besser nicht finden?

____

____

3. Zähle die Bereiche auf, über die Du gerne in sozialen Netzwerken sprichst.

____

____

____

4. Gib an, wie oft Du im letzten Monat aus den nachstehenden Bereichen etwas über Dich gepostet hast (z. B. dreimal, viermal, ...).

© Feel good studio – stock.adobe.com

Events: ____________

© Jacob Lund – stock.adobe.com

Urlaubsfotos: ____________

© lassedesignen – stock.adobe.com

Gefühle: ____________

© BullRun – stock.adobe.com

Interessen: ____________

© 4th Life Photographie – stock.adobe.com

Kunst: ____________

© CesareFerrari – stock.adobe.com

Musik: ____________

© Robert Kneschke – stock.adobe.com

Schule: ____________

© Andrey Bumakin – stock.adobe.com

Sport: ____________

Onlinesucht – Die Angst, was zu verpassen

1. Schau Dir das Video an (scanne den QR Code) und beantworte folgende Fragen.

https://www.youtube.com/watch?v=tS3f6R8MBGY

2. Wozu nutzen viele Menschen das Internet?

____

____

____

3. Wann beginnt Deiner Ansicht nach eine Internetsucht?

4. Was sind die Merkmale (Warnsignale) einer Internetsucht?

5. Welche Gruppe ist besonders gefährdet?

6. Wieviel Zeit verbringst Du im Internet?

7. Wieviel Zeit verbringst Du dort für Spiele?

8. Erstelle eine Collage mit Bildern, die auf der einen Seite die Onlinesucht abbilden und auf der anderen Seite Möglichkeiten, etwas dagegen zu tun.

   Hier findest du viele Beispiele im Internet: *https://stock.adobe.com/de/*

© Chlorophylle – stock.adobe.com

© CandyBox Images – stock.adobe.com

2 Umgang mit Daten und Informationen

2.1 „Darf ich das posten?“ – Urheber- und Persönlichkeitsrechte im Internet

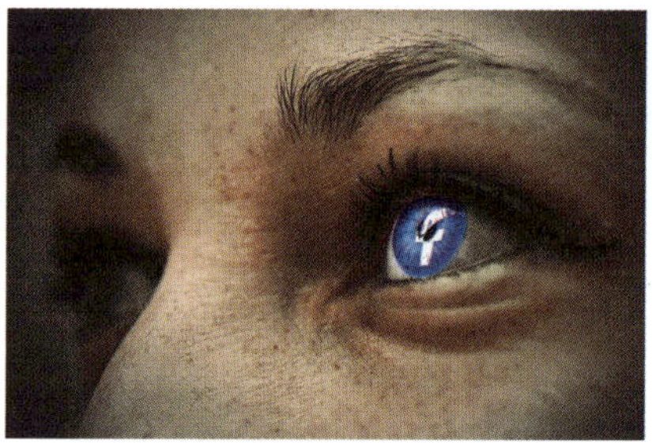

Noch nie war es so einfach, Fotos und Texte zu verbreiten. Mit nur wenigen Klicks sind die Schnappschüsse auf Plattformen wie Instagram, Facebook und Co. hochgeladen oder interessante „Posts“ anderer Menschen weitergeleitet.

Was viele nicht beachten: Sie verstoßen dabei gegen Gesetze.

Nach dem Grundgesetz hat jeder Mensch Persönlichkeitsrechte. Jedes Mal, wenn man jemanden fotografiert und das Foto im Internet oder in sozialen Netzwerken, muss man die Person vorher um Erlaubnis fragen. Bei der Verbreitung von Texten und Fotos aus dem Internet muss man das Urheberrecht beachten.

1. Scanne den QR-Code. Informiere Dich über Regelungen zum Urheberrecht.
2. Darf man das „einfach so“? Entscheide Dich bei folgenden Beispielen.

Situationen:	**Kein Problem** ✓	**Nicht erlaubt** ✗
Ein Lehrer fotografiert die Schule für die Schulhomepage. Vor der Schule stehen viele Schüler.		
Ergün fotografiert ein hübsches Mädchen im Bus und lädt das Foto bei Instagram hoch.		
Helena macht ein Selfie mit ihrer Freundin Lena und postet es.		
Maja lädt das Foto ihres neuen Freundes als Profilbild bei Facebook hoch.		
Tim schickt ein lustiges Foto aus dem Internet per WhatsApp seinem Kumpel Frank.		
Wolfgang fotografiert im Urlaub das Gemälde der Mona Lisa und zeigt es allen bei Snapchat.		
Michael teilt auf seiner Facebook-Seite einen Artikel über ein neues Kleidergeschäft in der Stadt.		
Julia speichert einen lustigen Artikel aus dem Internet und lädt es danach bei Facebook hoch.		
Steven speichert ein Foto des amerikanischen Präsidenten, verändert die Farben und postet es.		
Achmed macht einen Screenshot eines Chatverlaufs und postet ihn bei Facebook.		
Kevin unterlegt sein neues YouTube-Video mit einem Song seiner Lieblingsband.		

3. Beschreibe, welche Erfahrungen Du mit Fotos gemacht hast, die von Dir ohne Deine Erlaubnis gepostet worden sind (Eltern, Freunde, Schule etc.). Schildere auch deine Reaktion darauf.

____

____

4. Wie kann man gegen einen Rechtsverstoß vorgehen? Bringe die Aussagen in die richtige Reihenfolge und streiche falsche Aussagen durch.

- Man wendet sich an die Plattform und meldet den Regelverstoß.
- Man sucht einen Anwalt auf und klagt.
- Man meidet in der nächsten Zeit die Öffentlichkeit, bis das Foto vergessen ist.
- Man meldet den Vorfall der Polizei.
- Man fährt persönlich bei der Person vorbei und stellt sie zur Rede.
- Man bittet die Person, die das Bild gepostet hat, es in einer bestimmten Frist zu löschen.

5. Überprüfe in Deinen eigenen Accounts (z. B. in sozialen Netzwerken), ob Du schon einmal Persönlichkeits- oder Urheberrechte verletzt hast.

2.2 „Was gebe ich preis?" – Umgang mit sensiblen Daten

1. Beschreibe und interpretiere die Karikatur.

2. Welches Kernproblem spricht die Karikatur an?

3. Erstelle einen Steckbrief Deines Banknachbarn. Benutze dabei nur Informationen, die Du über ihn im Internet und sozialen Netzwerken findest.

4. a) Erstelle eine Liste mit allen Daten, die Du von Dir im Internet und in sozialen Netzwerken veröffentlicht hast (z. B. Name, Geburtsdatum, Anschrift, Telefonnummer, Religion, Mitgliedschaft in einem Verein, etc.).

   b) Unterscheide zwischen schützenswerten Daten und Daten, die problemlos veröffentlicht werden können. Ordne hierfür Deine Daten in die untenstehende Tabelle ein.

Schützenswerte Daten	Für die Öffentlichkeit bestimmte Daten
z. B. Geburtsdatum	z. B. Mitgliedschaft im Fußballverein

5. Diskutiert im Anschluss über Gefahren, die durch das Veröffentlichen der genannten Daten im Internet entstehen können.

6. Erkläre den Begriff „Datenschutz".

7. Scanne den QR-Code mit Deinem Smartphone und spiele das Quiz.

8. Recherchiere in den Sicherheitseinstellungen eines sozialen Netzwerks (z. B. Instagram) oder eines Messengers (z. B. WhatsApp): Welche Daten werden von dieser App gespeichert und weitergeleitet?

9. Wer könnte ein Interesse an diesen Daten haben? Warum?

10. Ergänze sinnvoll die Regeln für den Umgang mit privaten Daten in modernen Medien mit den vorgegebenen Begriffen.

persönlich – Kontodaten – intime – Messengerdienst – Zugriffsrechte – Daten – Link – E-Mail

(1) Gib private Daten grundsätzlich nur an Kontakte weiter, die Du auch ____________ kennst.

(2) Veröffentliche nie schützenswerte Daten wie Deine Adresse, Deine ____________ oder ein Kennwort. Gib diese Daten auch nicht nach einer Aufforderung in einer ____________ bekannt („Phishing").

(3) Stelle nie ____________ oder zu private Aufnahmen ins Internet. Versende sie auch nicht in einem ____________ an andere.

(4) Überprüfe beim Installieren von Apps die ____________ auf Deine Handydaten.

(5) Wäge immer ab, ob die von einer App-Installation zu Beginn geforderten ____________ problematisch sein könnten.

(6) Klicke nie unüberlegt einen ____________ auf einer Dir unbekannten Internetseite an.

(7) ... (Findet weitere Regeln für den Umgang mit privaten Daten in modernen Medien.)

11. Löse das Kreuzworträtsel

1. Beschaffung persönlicher Daten anderer Personen mit gefälschten E-Mails oder Websites
2. unseriöse Geschäftspraktik im Internet, bei der Verbraucher unbeabsichtigt ein kostenpflichtiges Abonnement eingehen
3. Es sollte immer aus Groß- und Kleinbuchstaben, Zahlen und Sonderzeichen bestehen.
4. Abkürzung für „allgemeine Geschäftsbedingungen“
5. Diesen „Keks“ kann man nicht essen, aber er hinterlässt Spuren im Internet.

Lösung

1	2	3	4	5	6	7	8

D	10	11	E	N

Fakt oder Fake? – Fake News gekonnt entlarven

1. Erkläre den Begriff „Fake News“ mit eigenen Worten.

____

____

2. a) Recherchiere im Internet nach der nebenstehenden Nachricht (Schlagworte wie „Enten in Saarbrücken“) oder scanne den QR-Code.

   b) Entscheide, ob das Video echt ist und lies dann den folgenden Text.

Echt oder Fake?

Das Video mit den verkehrsbewussten Enten in der Saarbrücker Innenstadt wurde auf einer Facebook-Seite hochgeladen. Es erreichte mehr als 1,2 Millionen Aufrufe und wurde auf der ganzen Welt geteilt.

Leider ist es zu schön, um wahr zu sein: Es ist höchstwahrscheinlich nur ein Fake! Achte einmal auf die Gehbewegungen der Enten oder auf deren Schatten ...

Nicht alle Fake News sind so harmlos wie dieses Beispiel. Daher ist es wichtig, Fake News zu erkennen.

3. Lies die Checkliste zum Erkennen von Fake News aufmerksam. Findet gemeinsam weitere wichtige Punkte und ergänzt die Checkliste.

Checkliste zum Erkennen von Fake News			
Hinterfrage die Quelle der Nachricht	**Überprüfe die Fakten**	**Betrachte die Aufmachung genau**	**Achte auf die Aktualität**
▪ Ist die Schreibweise der Internetadresse leicht verändert? (z. B. www. tageschau.de) ▪ Fehlt das „Impressum", in dem der Verantwortliche genannt wird? ▪ Ist der Autor nicht genannt? ▪ Nennt der Autor nur seinen Spitznamen? __________ __________	▪ Berichtet keine andere Seite über diese Nachricht? ▪ Sind die Nachricht oder das Foto von einer anderen Seite kopiert? ▪ Werden „Experten" nicht mit Namen genannt? ▪ Ist es „unglaublich" oder „zu schön, um wahr zu sein"? __________ __________	Ist die Überschrift reißerisch formuliert (mit Großbuchstaben und !!!!!)? Gibt es Rechtschreibfehler? Ist das Bild schon älter? (Bilder-Rückwärtssuche!) Ist das Bild bearbeitet oder von schlechter Qualität? __________ __________	Steht ein altes Datum an der Nachricht? Findet man die Nachricht oder das Foto noch einmal mit älterem Datum im Internet? Ist das Thema „ein alter Hut"? __________ __________

4. Probiere die Bilder-Rückwärtssuche mit Fotos aus, die Du schon einmal zugeschickt bekommen hast oder die Du in einem sozialen Netzwerk findest.

Google Bilder

(Klicke z. B. bei Google auf den Reiter „Bilder" und dann auf das Kamerasymbol. Auf einem Smartphone funktioniert es z. B. mit der kostenlosen App „Google Lens".)

5. Überprüfe die beiden nachfolgenden Nachrichten auf ihre Echtheit. Nutze dafür die Checkliste.

Kirche in München, sechs Neubürger urinieren an das christliche Gotteshaus. TEILEN das auch der letzte Gutmensch diese Sauerei mitbekommt.

Respektlos und traurig, bin sprachlos.

Stellt euch vor was die mit uns machen würden wenn wir selbiges an einer Moschee tun ?

Gefällt mir   Teilen

1074

13.047 Mal geteilt   14 Kommentare

FAKE NEWS	Ja	☐
	Nein	☐

Begründung: ____________________________

____

____

____

____

____

____

____

____

____

____

____

Wochenblick
12. März um 09:25 ·

Das brisante Strategiepapier der deutschen Bundesregierung scheint für die Medien keine Meldung wert zu sein.

„Merkel hofft auf 12 Millionen Einwanderer“
Englische Medien sind über ein Strategiepapier der Bundesregierung empört: „Haben sie nichts gelernt? Merkel-Regierung hofft auf 12 Mio Migranten“.

WOCHENBLICK.AT
Mehr dazu

Gefällt mir · Kommentieren · Teilen

2.184
Chronologisch

1.650 Mal geteilt

FAKE NEWS	Ja	☐
	Nein	☐

Begründung: ______________________________

____

____

____

____

____

____

____

____

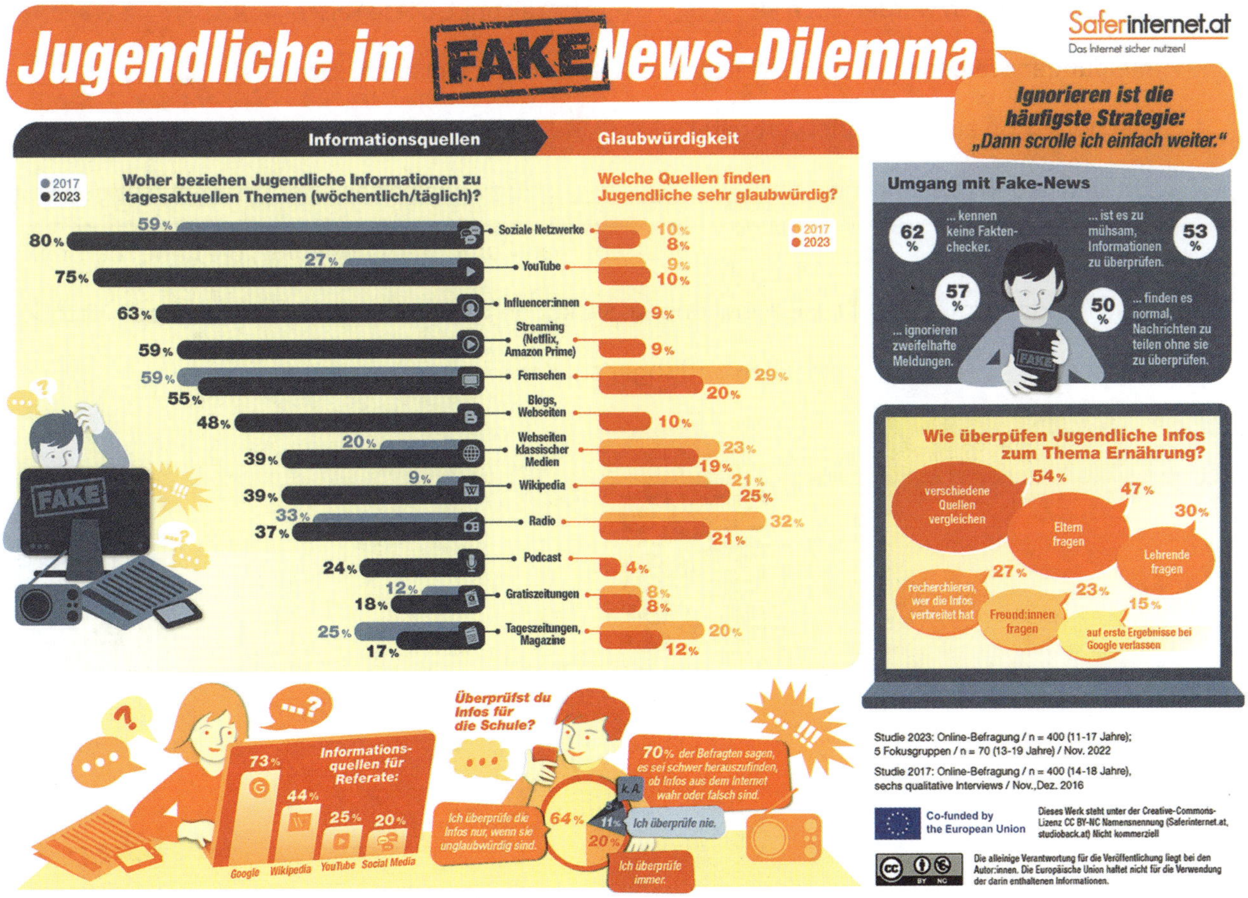

6. Informiere Dich mit Hilfe der Statistik und beantworte folgende Fragen durch Ankreuzen:

   a) Welche Informationsquelle wird laut Statistik von den meisten Jugendlichen für Nachrichten genutzt?

   ☐ Radio ☐ Fernsehen ☐ Zeitschriften ☐ Soziale Netzwerke ☐ YouTube

   b) Welche Informationsquelle nutzt Du vor allem, um Dich zu informieren?

   ____

   Warum? ______________________________

   c) Welche Informationsquelle wird laut Statistik von Jugendlichen als am glaubwürdigsten angesehen?

   ☐ Radio ☐ Fernsehen ☐ Zeitschriften ☐ Soziale Netzwerke ☐ YouTube

   d) Welche Informationsquelle hältst Du für am glaubwürdigsten?

   ____

   Warum? ______________________________

   Mehr Infos über social bots findest Du hier:

   e) Ordne die folgenden Fachbegriffe den Lücken im Text sinnvoll zu.
   (Achtung: zwei Begriffe passen nicht!)

   Hoax – Computer – Messengerdienste – YouTube – Links – social bots – Likes

   Falschmeldungen werden auch als __________ bezeichnet. Diese Falschmeldungen werden über soziale Netzwerke oder E-Mails, aber auch über ________________ wie WhatsApp als Kettenbrief verbreitet.
   Oft sind in den Falschnachrichten ____________ zu zweifelhaften oder kostenpflichtigen Seiten enthalten. Unter ________________ versteht man Computerprogramme, die ohne menschliche Hilfe Aktionen im Internet ausführen können. Sie können automatisch z. B. bei Facebook Nachrichten posten, __________vergeben und sogar auf Kommentare antworten.

☺		☺☺	
	☺☺☺		☺☺☺☺

Alles gecheckt?

Überprüfe selbst, was Du in diesem Kapitel alles gelernt hast.

	Stimmt vollkommen	Stimmt teilweise	Stimmt nicht	Tipps zum Nacharbeiten
Ich überblicke Möglichkeiten digitaler Mediennutzung für die Schule und für berufliche Zwecke, z. B. nützliche Apps.	☐	☐	☐	Seite 66
Ich kann mit meinem Smartphone nützliche Informationen zu Themen meiner Lebenswelt finden.	☐	☐	☐	Seite 68
Ich berücksichtige grundlegende Regeln, wenn ich mich im Internet selbst darstelle.	☐	☐	☐	Seite 69
Ich erkenne die Gefahren einer Onlinesucht	☐	☐	☐	Seite 70–71
Ich beachte Urheberrechte beim Posten im Internet.	☐	☐	☐	Seite 72
Ich respektiere die Persönlichkeitsrechte anderer in sozialen Netzwerken.	☐	☐	☐	Seite 73
Ich kenne die Vorgehensweise, wenn ich mit einem Eintrag im Internet über mich nicht einverstanden bin.	☐	☐	☐	Seite 72
Ich unterscheide zwischen schützenswerten Daten und Daten, die ich veröffentlichen kann.	☐	☐	☐	Seite 73
Ich kann die Sicherheitseinstellungen der von mir genutzten Messengerdienste (z. B. zu Cookies) passend einstellen.	☐	☐	☐	Seite 74
Ich weiß, worauf ich bei Nachrichten im Internet achten muss, um „Fake News“ zu erkennen.	☐	☐	☐	Seite 75–78

Notiere Dir hier Fragen, die offengeblieben sind:

____

____

____

____

Lerngebiet 6:
In einem demokratischen Staat leben

1 Grundgesetz

2 Demokratie

1 Grundgesetz

1.1 Meine Grundrechte

Das Grundgesetz ist die Verfassung der Bundesrepublik Deutschland. Im Grundgesetz ist die Grundordnung unseres Staates festgelegt. Das Grundgesetz steht über allen anderen Gesetzen und kann nur schwer, teilweise sogar gar nicht geändert werden. So darf der in Art. 1 GG festgeschriebene Schutz der Menschenwürde nie abgeschafft oder verändert werden. Am Anfang unseres Grundgesetzes (Art. 1 bis 19) sind die Grundrechte niedergeschrieben. Dies macht ihre große Bedeutung für uns deutlich.

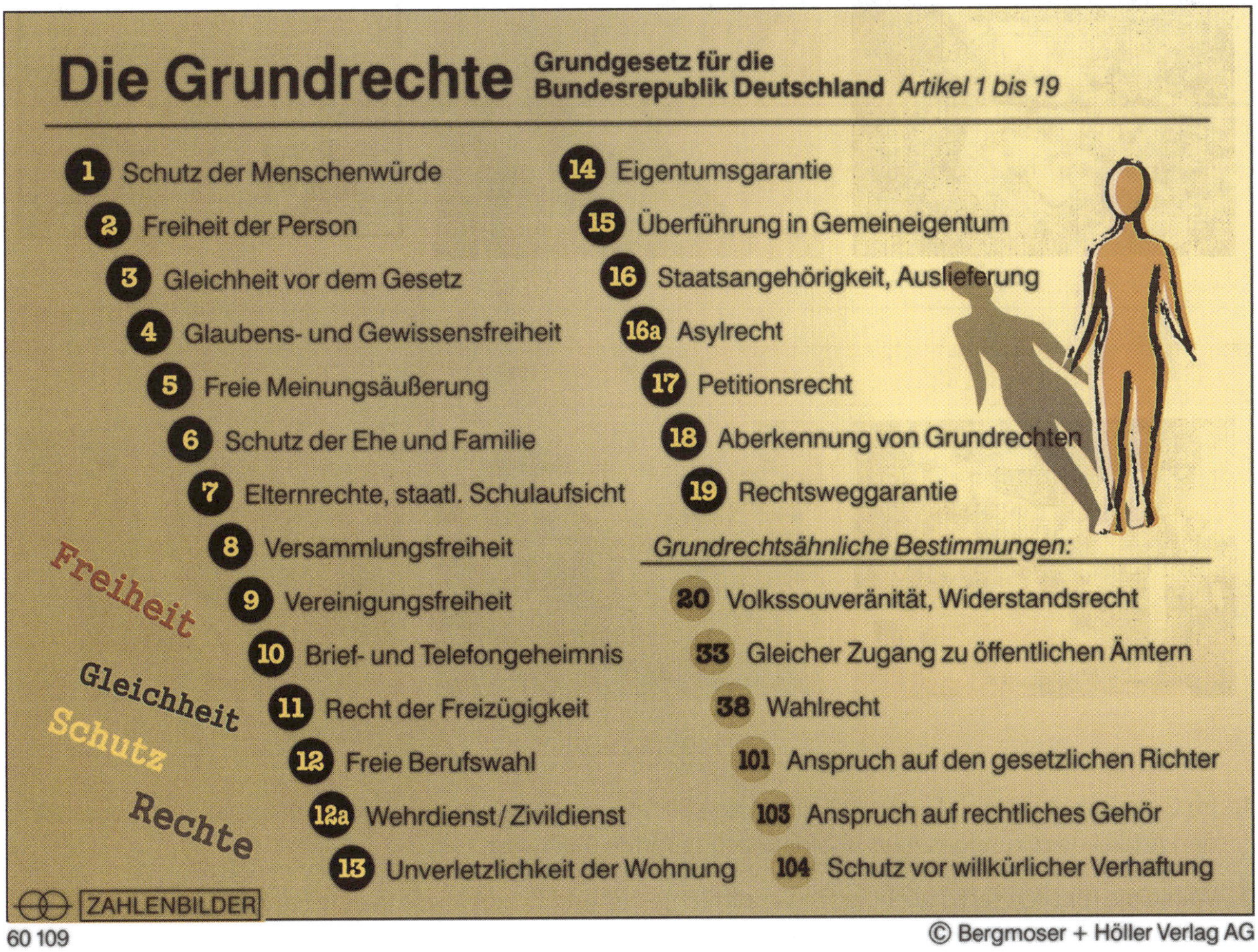

60 109

A

© antlia – stock.adobe.com

B

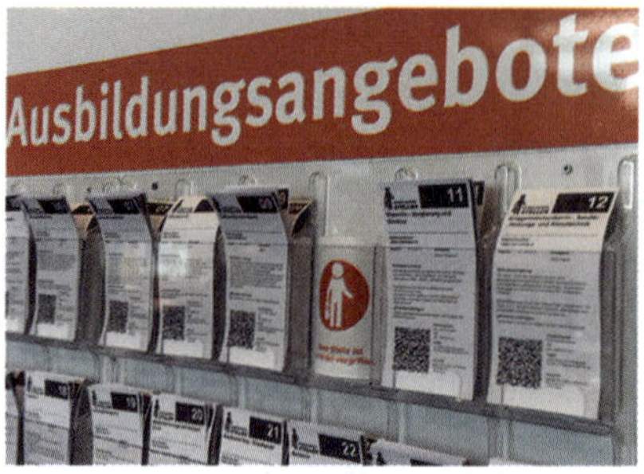

© dpa

C

© pololia – stock.adobe.com

D

© Halfpoint – stock.adobe.com

E

Erste Umfragen in Afghanistan.

© dpa/dieKLEINERT.de

F

© dpa

G

© Maksim Šmeljov - stock.adobe.com

H

© dpa

I

© dpa/dieKLEINERT.de

J

© dpa

K

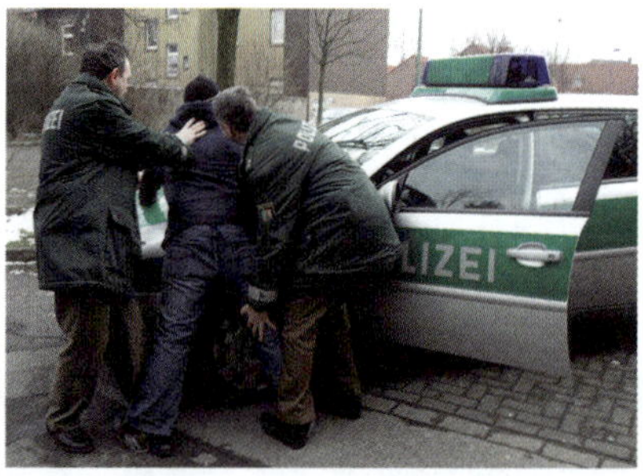

© dpa/ImageBROKER

L

© contrastwerkstatt – stock.adobe.com

1. Im Grundgesetz findest Du Artikel, die zu den Bildern passen. Ordne die Bilder der Situation zu, ergänze den Artikel des Grundgesetzes und das dazugehörige Stichwort.
2. Wähle die für Dich sechs wichtigsten Grundrechte aus und bringe diese in eine Rangfolge von 1 bis 6, wobei 1 der für Dich am wichtigste Grundgesetzartikel ist.

3. Stelle Deine Ergebnisse der Klasse vor und begründe Deine Auswahl und Deine Rangfolge.

Bild	Art. GG	Stichwort	Beispielhafte Situation	Bewertung
C	6	Schutz der Ehe und Familie	Du und Deine Familie stehen unter dem besonderen Schutz des Staates.	
			Du ziehst nach München in Deine eigene Wohnung.	
			Du darfst Deine Meinung frei äußern, sofern Du niemanden beleidigst.	
			Du hast das Recht auf ein menschenwürdiges Leben.	
			Frauen und Männer haben die gleichen Rechte in Deutschland.	
			Deine Religionsausübung darf nicht unterdrückt werden.	
			Dein Smartphone darf nicht abgehört werden.	
			Du kannst Dich mit Deinem Freundeskreis jederzeit in der Öffentlichkeit treffen.	
			Du kannst nicht ohne Grund verhaftet oder eingesperrt werden.	
			Ein politisch Verfolgter bekommt in Deutschland Schutz.	
			Du kannst den Ausbildungsberuf erlernen, der Dich interessiert.	
			Die Polizei darf Deine Wohnung nicht ohne begründeten Verdacht durchsuchen.	

4. Im täglichen Leben gibt es immer wieder Situationen, in denen Artikel des Grundgesetzes miteinander in Konkurrenz stehen. Diskutiert im Klassenverband, welcher Grundgesetzartikel den Vorrang haben sollte.

Situation		Artikel des Grundgesetzes	Vorrang
 © dpa/AP Photo	Bei einer Demonstration in Dresden wird der damaligen Bundeskanzlerin Angela Merkel und dem ehemalige Außenminister Siegmar Gabriel mit dem Galgen gedroht.	Art. 1 GG: Schutz der Menschenwürde Art. 5 GG: Freie Meinungsäußerung	☐ ☐
 © dpa/die KLEINERT.de	Luca spielt gerne Computerspiele. Die Eltern haben jedoch die Computerspielzeit auf eine Stunde pro Tag begrenzt.	Art. 2 GG: Freiheit der Person Art. 6 GG: Erziehungsrecht der Eltern	☐ ☐
 © dpa	Zwei Polizisten kontrollieren, dass die Ausgangsbeschränkungen während der Corona-Krise auch eingehalten werden. Dies galt auch für Fußballspiele und Demonstrationen.	Art. 2 GG: Körperliche Unversehrtheit Art. 11 GG: Recht der Freizügigkeit	☐ ☐
 © samuel – stock.adobe.com	Clara ist auf der Facebook-Seite von Jara. Dort behauptet Sie, dass Carla ihr den Freund ausspannen will und dass sie mit HIV infiziert wäre.	Art. 1 GG: Schutz der Menschenwürde Art. 5 GG: Freie Meinungsäußerung	☐ ☐
 © dpa/Sueddeutsche Zeitung Photo	Während der Corona-Krise bestand ein Versammlungsverbot, um die Ausbreitung des Corona-Virus zu verhindern. Daher wurde eine Demonstration gegen die Beschränkungen in der Corona-Zeit von der Polizei aufgelöst.	Art. 2 GG: Körperliche Unversehrtheit Art. 8 GG: Versammlungsfreiheit	☐ ☐
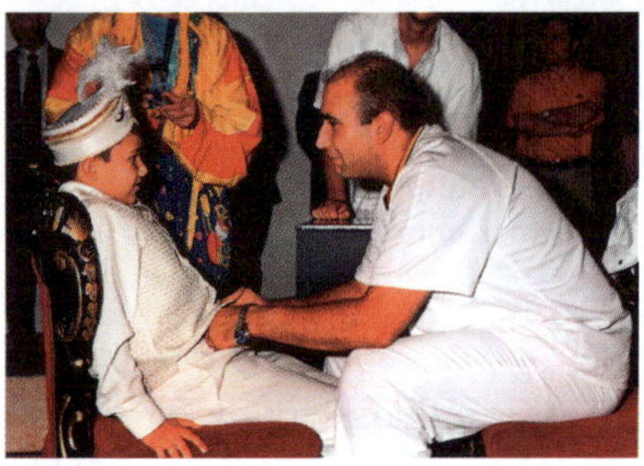 © dpa	Mohammed ist ein minderjähriger Junge, der einer muslimischen Glaubensgemeinschaft angehört. Er soll, wie es die Tradition vorsieht, beschnitten werden.	Art. 2 GG: Körperliche Unversehrtheit Art. 4 GG: Glaubensfreiheit	☐ ☐

1.2 „Meine Freiheit, Deine Freiheit“ – Sind Freiheitsrechte grenzenlos?

Im Grundgesetz sind die staatlich garantierten Freiheitsrechte aufgeführt. Diese Freiheitsrechte schützen jeden einzelnen gegenüber der Macht des Staates. Zu den Freiheitsrechten zählen:

- Glaubensfreiheit
- Meinungsfreiheit
- Pressefreiheit
- Versammlungsfreiheit
- Berufsfreiheit
- Telefongeheimnis
- Recht auf Leben und körperliche Unversehrtheit
- ...

Grundrechte

Menschenrechte
Rechte, die jedem Menschen zustehen.

Freiheitsrechte
Die Rechte, die die Freiheit eines Menschen schützen.

Bürgerrechte
Die Rechte, die allen deutschen Staatsbürgern zustehen.

Gleichheitsrechte
Die Rechte, die sichern, dass alle Menschen gleich behandelt werden.

1. Löse das Kreuzworträtsel zu den Freiheitsrechten:

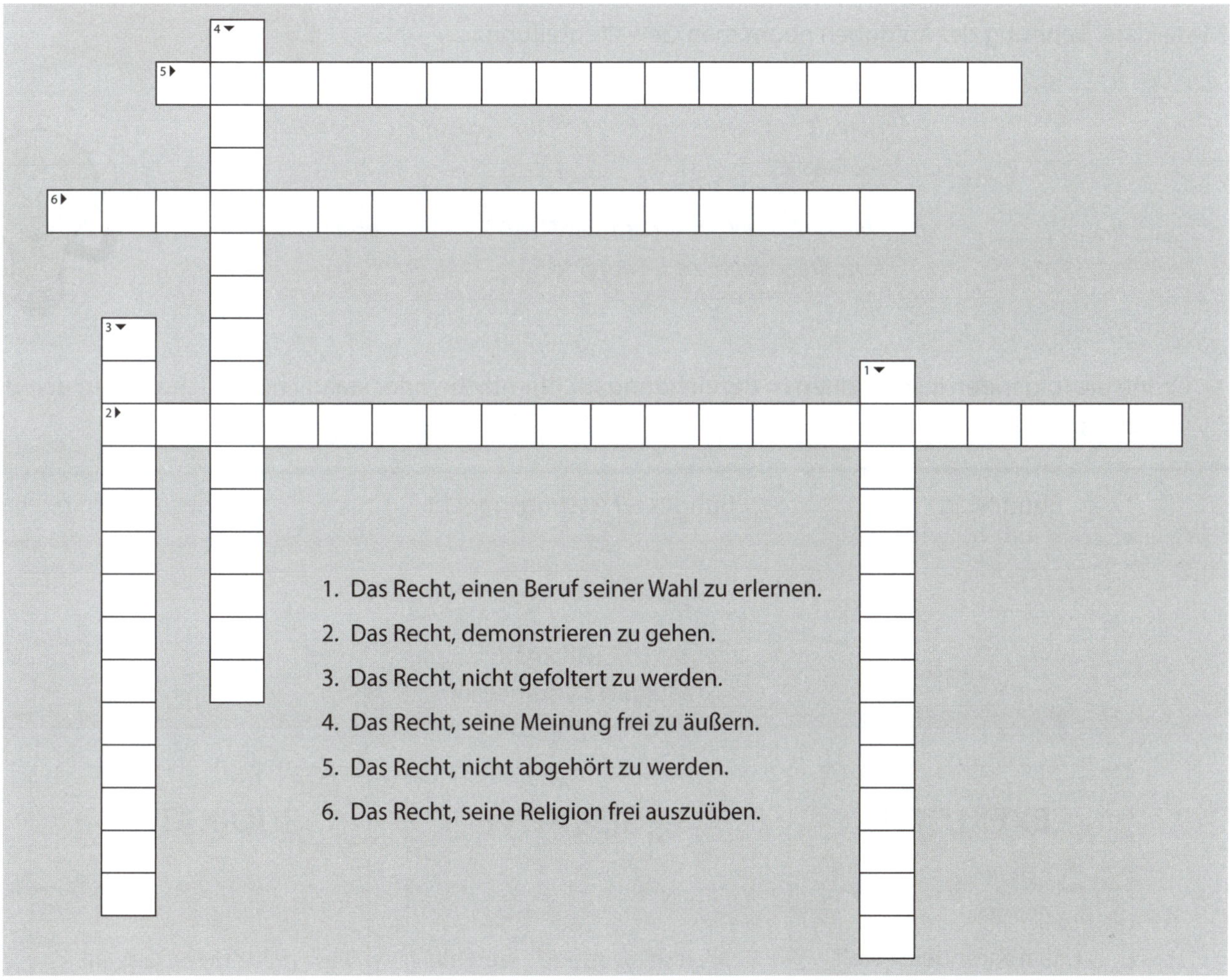

1. Das Recht, einen Beruf seiner Wahl zu erlernen.
2. Das Recht, demonstrieren zu gehen.
3. Das Recht, nicht gefoltert zu werden.
4. Das Recht, seine Meinung frei zu äußern.
5. Das Recht, nicht abgehört zu werden.
6. Das Recht, seine Religion frei auszuüben.

2. Recherchiere im Internet jeweils zwei Menschrechte und zwei Bürgerrechte (z. B. mit Deinem Smartphone):

Menschrechte Rechte, die allen Menschen aus zustehen.	**Bürgerrechte** Rechte, die deutschen Staatsbürgern zustehen.

3. Wo haben Freiheitsrechte ihre Grenzen? Diskutiert in der Klasse darüber.

2 Demokratie

2.1 Wer macht was? Wichtige Institutionen in der Bundesrepublik Deutschland

Deutschland ist eine Demokratie

Wir Bürger (als Volk) können z. B. unsere Vertreter wählen, die dann im Parlament (Bundestag) über Gesetze entscheiden.

Außerdem wird durch die Wahl (alle 4 Jahre) bestimmt, wer unser Land regieren soll.

Zusammen mit den Bundesministern bezeichnet man sie als Bundesregierung.

Deutschland ist ein Rechtsstaat. Das bedeutet, dass die Gerichte (Richter, Staatsanwälte usw.) und auch das oberste Gericht, das Bundesverfassungsgericht, unabhängig von jeder Beeinflussung entscheiden und urteilen.

Diese klare Trennung der Aufgaben nennt man Gewaltenteilung.

Gewalt hat nichts mit körperlicher Gewalt zu tun, sondern mit Macht.

Die Macht in Deutschland liegt nicht in der Hand eines Einzelnen, sondern ist aufgeteilt.

1. Ordne die folgenden Institutionen (= Bezeichnung für öffentliche oder staatliche Einrichtungen) den drei Gewalten zu.

Bundestag	Bundesverfassungsgericht	Bundesregierung

In einer **DEMOKRATIE** ist die Staatsgewalt aufgeteilt:

EXEKUTIVE	**LEGISLATIVE**	**JUDIKATIVE**
= ausführende Gewalt	= gesetzgebende Gewalt	= richterliche Gewalt
z. B. ____________	z. B. ____________	z. B. ____________

Das Volk

2. Lies Dir folgenden Text durch und ergänze:

   Die Bundesrepublik ist ein **föderaler** Staat. Sie besteht aus 16 ________________________.

   Unsere Politik wird nicht nur auf Bundesebene in Berlin entschieden, sondern auch in den einzelnen

   ________________________.

3. Ergänze die drei Gewalten in den Lücken.
   - Der Landtag (als ____________________) macht die Gesetze eines Bundeslandes.
   - Die Landesregierung (als ____________________) regiert und führt die Gesetze aus.
   - Die verschiedenen Gerichte eines Bundeslandes wie das Landgericht, Amtsgericht usw. (als ____________________) entscheiden, was nach dem Gesetz richtig ist und sprechen Recht aus.

Das Föderalismus-Dreieck

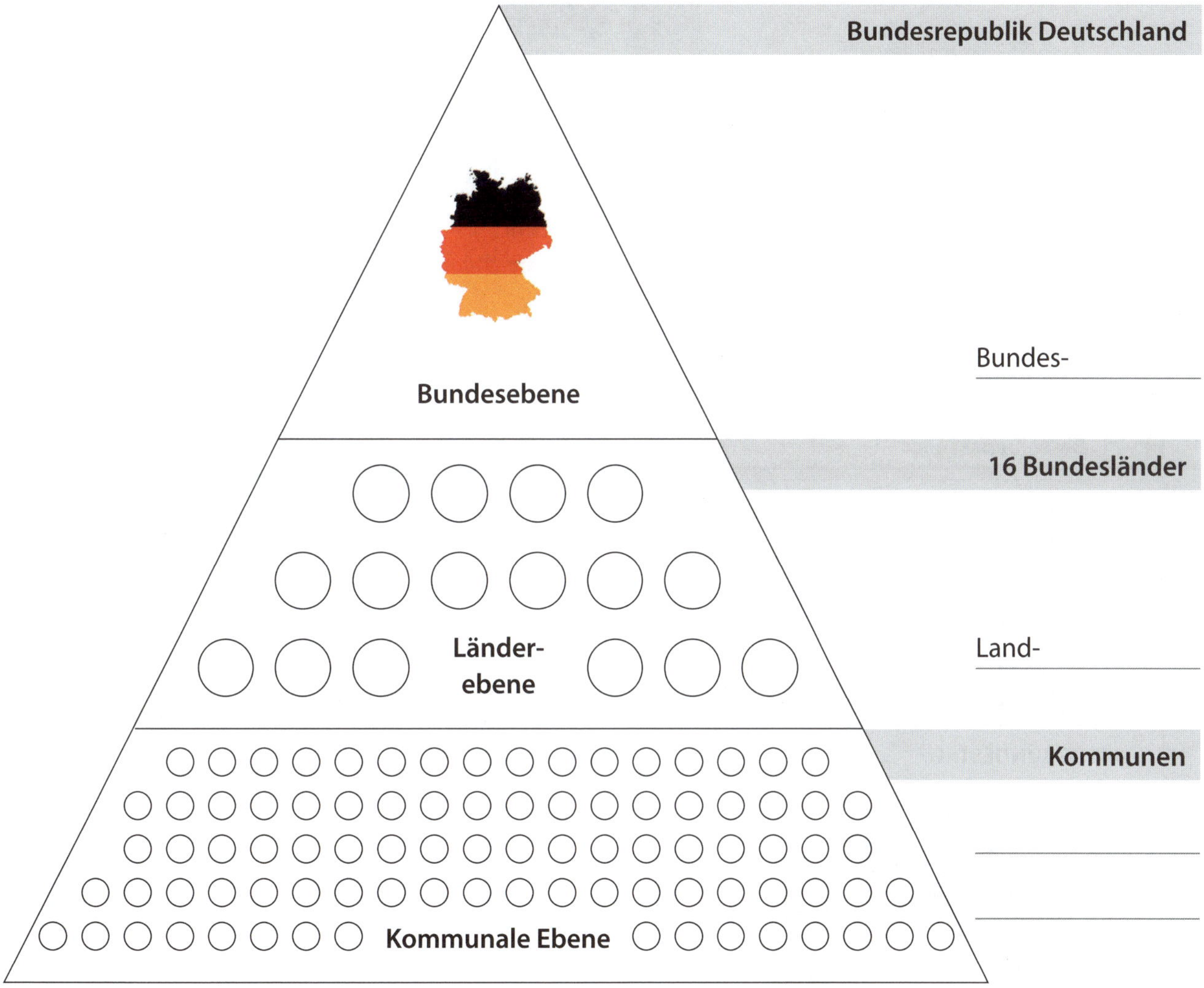

1. Nenne die Vertretung der Bürger auf den einzelnen Ebenen im Föderalismus-Dreieck. (Internetrecherche)
2. Ergänze diese in der Grafik.

2.2 Das Zustandekommen eines Gesetzes in der Bundesrepublik Deutschland

Der Bundestag – Unser Parlament

1. Ordne die Schritte des Prozesses der Gesetzgebung in die richtige Reihenfolge. Setze dazu die richtigen Nummern vor den jeweiligen Schritt in das Kästchen (1., 2., 3., 4.).

☐ **Vorschlag zu einem Gesetz durch:**

BUNDESREGIERUNG

BUNDESTAG

BUNDESRAT

☐ **Unterzeichnung und Veröffentlichung:**

Bundesregierung und Bundespräsident müssen unterschreiben und dann wird offiziell veröffentlicht.

☐ **Beschlussfassung:**

Der Beschluss des BUNDESTAGES wird dem BUNDESRAT mitgeteilt.

- Ist er einverstanden, kommt das Gesetz zustande.
- Ist er nicht einverstanden, kann ein Vermittlungsausschuss eingerichtet werden. Dann kommt es entweder zur Änderung oder zur Billigung (= Genehmigung) des Gesetzes.

☐ **Beratung:**

IM BUNDESTAG:

Beratung der vorgeschlagenen Gesetze erfolgt in kleineren Gruppen, in sogenannten Ausschüssen.

2. Präsentiere Deinen Mitschülern den Prozess der Gesetzgebung auf einem Plakat, einer Power-Point-Präsentation oder mit einem Lernvideo.

2.3 Extremismus als Gefahr für unsere Demokratie

© Dave Vaughan

Stell Dir mal Folgendes vor:

Demo Kratie ist ein 75-jähriger Deutscher. Seine ältesten Vorfahren stammen aus Griechenland, seine Ur- und Ur-Ur-Großeltern kamen aus den USA und Frankreich. Für ihn ist das aber noch kein Alter. Er hat zwar schon viel erlebt, hat damit viel Erfahrung, ist aber noch nicht in die Jahre gekommen. Er zeichnet sich nämlich gleichzeitig auch durch viel junges Potenzial aus ... durch Ideen und Begeisterung. Er lernt neue interessante Sachen kennen wie „Fridays for future", und sieht, was sich schon lange bewährt hat, z. B. die Sozialversicherungen. Er muss sich dabei aber auch immer wieder neuen Herausforderungen stellen – der Corona-Epidemie oder wirtschaftlichen Aufs und Abs. Eine Sache plagt ihn aber schon lange – das Gezerre, dem er sich ausgesetzt fühlt – den Extremen von rechts und links.

Wenn wir uns also vorstellen, die Demokratie wäre eine Person, wissen wir, dass ein Ziehen von links und rechts auf Dauer gesehen sehr wehtut und man einem nachgeben muss oder der Sache nicht standhalten kann. Genauso sieht dies mit einem politischen System aus.

1. Erkläre den Begriff „Extremismus" mit Deinen Worten.

2. Schau Dir nachfolgende Bilder und Karikaturen an und ordne zu, welche extremen Positionen hier deutlich werden.

Antisemitismus (= Judenhass)
Ausländerfeindlichkeit
Terrorismus

© Dave Vaughan

____

© Dave Vaughan

____

© dpa

____

3. Überlege Dir, warum all diese extremen Positionen unsere Demokratie gefährden. Nimm die Grundrechte als Begründung zu Hilfe.

4. Schreibe auf, was für Dich „typisch deutsch" ist. Was fällt Dir auf?

TIPP: Hör Dir folgendes Lied dazu an. (SIDO: Wiese vor dem Reichstag)

5. Recherchiere Deinen Stammbaum – soweit dies möglich ist. Präsentiere ihn vor der Klasse. (Gesondertes Blatt)

6. Erstelle zusammen mit Deinen Mitschülern eine Checkliste, wie man gegen extremistische Positionen argumentieren könnte. Berücksichtige dabei Deine Ideen zu „Typisch deutsch" und auch Deinen eigenen Stammbaum.

Alles gecheckt?

Überprüfe selbst, was Du in diesem Kapitel alles gelernt hast.

	Stimmt vollkommen	Stimmt teilweise	Stimmt nicht	Tipps zum Nacharbeiten
Ich kenne wichtige Grundrechte und deren Bedeutung.	☐	☐	☐	Seite 81–82
Ich erkenne, dass Grundrechte in gewissen Situationen in Konkurrenz zueinander stehen und argumentiere, welches Grundrecht den Vorrang haben sollte.	☐	☐	☐	Seite 83
Ich überblicke die Einteilung der Grundrechte in Menschen-, Bürger-, Freiheits- und Gleichheitsrechte.	☐	☐	☐	Seite 84
Ich kenne wichtige Freiheits-, Menschen- und Bürgerrechte.	☐	☐	☐	Seite 84
Ich kenne die wichtigsten Institutionen anhand der Gewaltenteilung in der Bundesrepublik.	☐	☐	☐	Seite 85
Ich kenne den Begriff des Föderalismus.	☐	☐	☐	Seite 86
Ich kann die einzelnen Schritte des Gesetzgebungsprozesses grob beschreiben.	☐	☐	☐	Seite 87
Ich kenne den Begriff „Extremismus".	☐	☐	☐	Seite 88–90
Ich weiß, warum extreme Positionen gefährlich für unsere Demokratie sind.	☐	☐	☐	Seite 88–90

Notiere Dir hier Fragen, die offengeblieben sind:

Sachwortverzeichnis

Anhang

Karte Saarland

Karte Deutschland

Karte Europa

Karte Welt

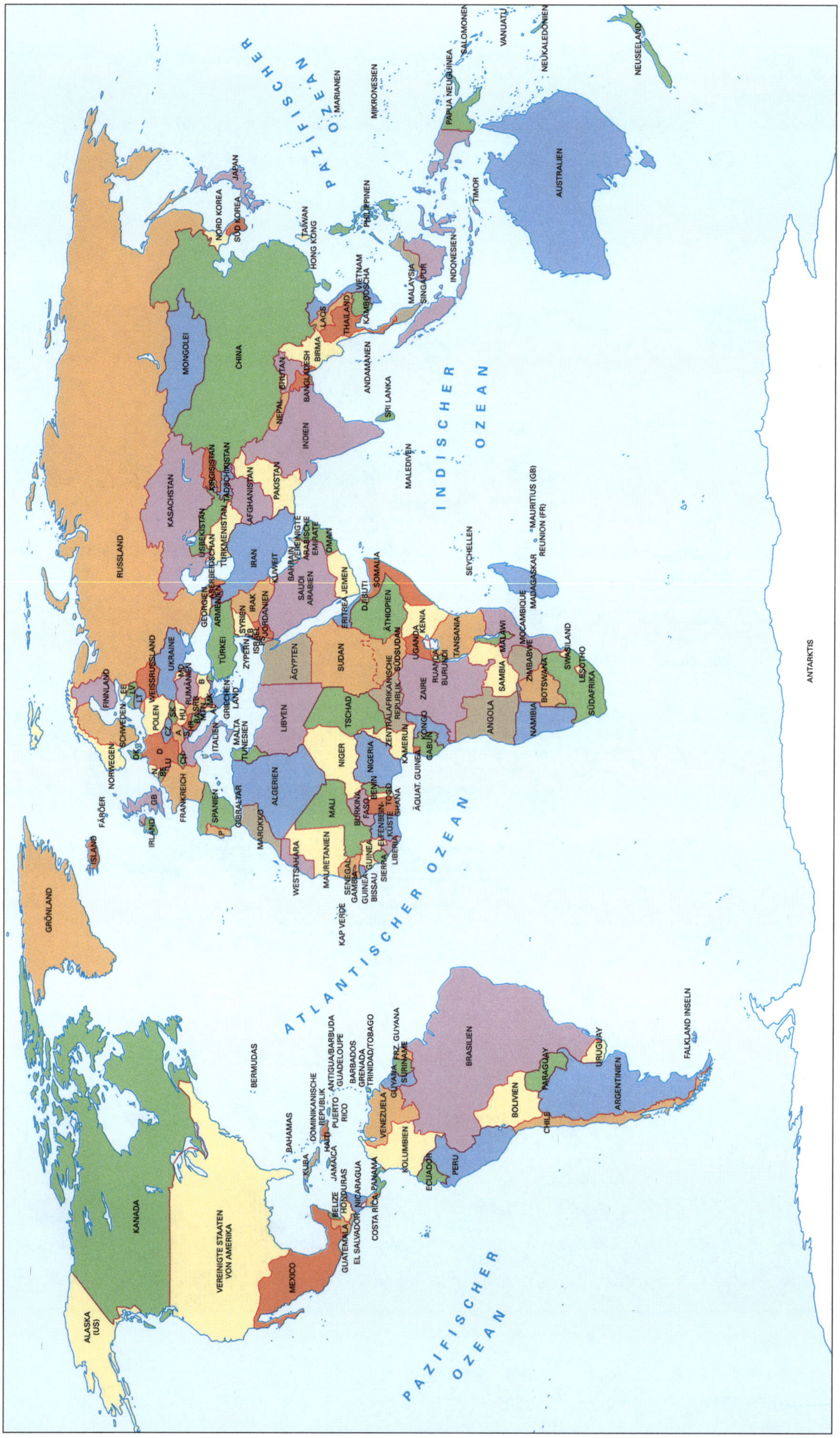
PAZIFISCHER OZEAN
ATLANTISCHER OZEAN
INDISCHER OZEAN
ANTARKTIS
ALASKA (US)
KANADA
VEREINIGTE STAATEN VON AMERIKA
MEXICO
GUATEMALA
EL SALVADOR
BELIZE
HONDURAS
NICARAGUA
COSTA RICA
PANAMA
KUBA
BAHAMAS
JAMAICA
HAITI
DOMINIKANISCHE REPUBLIK
PUERTO RICO
ANTIGUA/BARBUDA
GUADELOUPE
BARBADOS
GRENADA
TRINIDAD/TOBAGO
BERMUDAS
VENEZUELA
GUYANA
SURINAME
FRZ. GUYANA
KOLUMBIEN
ECUADOR
PERU
BRASILIEN
BOLIVIEN
PARAGUAY
CHILE
ARGENTINIEN
URUGUAY
FALKLAND INSELN
GRÖNLAND
ISLAND
FÄRÖER
IRLAND
GB
NORWEGEN
SCHWEDEN
FINNLAND
DK
NL
B
LU
D
PL
POLEN
CZ
SK
A
CH
FRANKREICH
P
SPANIEN
GIBRALTAR
ITALIEN
MALTA
HU
SLO
KR
BA
SRB
MK
AL
GRIECHEN-LAND
RUMÄNIEN
MD
BG
UKRAINE
WEISSRUSSLAND
LT
LV
EE
RUSSLAND
TÜRKEI
ZYPERN
SYRIEN
LIB
ISRAEL
JORDANIEN
IRAK
GEORGIEN
ARMENIEN
ASERBEIDSCHAN
KASACHSTAN
USBEKISTAN
TURKMENISTAN
KIRGISISTAN
TADSCHIKISTAN
AFGHANISTAN
PAKISTAN
IRAN
KUWEIT
BAHRAIN
SAUDI ARABIEN
VEREINIGTE ARABISCHE EMIRATE
OMAN
JEMEN
MONGOLEI
CHINA
NORD KOREA
SÜD KOREA
JAPAN
NEPAL
BHUTAN
INDIEN
BANGLADESH
BIRMA
LAOS
THAILAND
VIETNAM
KAMBODSCHA
TAIWAN
HONG KONG
PHILIPPINEN
MALAYSIA
SINGAPUR
INDONESIEN
SRI LANKA
ANDAMANEN
MALEDIVEN
MARIANEN
MIKRONESIEN
PAPUA NEUGUINEA
SALOMONEN
VANUATU
NEUKALEDONIEN
TIMOR
AUSTRALIEN
NEUSEELAND
MAROKKO
WESTSAHARA
ALGERIEN
TUNESIEN
LIBYEN
ÄGYPTEN
MAURETANIEN
MALI
NIGER
TSCHAD
SUDAN
SÜDSUDAN
ERITREA
DJIBUTI
ÄTHIOPIEN
SOMALIA
SENEGAL
GAMBIA
GUINEA-BISSAU
GUINEA
SIERRA
LIBERIA
ELFENBEIN-KÜSTE
BURKINA FASO
GHANA
TOGO
BENIN
NIGERIA
KAMERUN
ZENTRALAFRIKANISCHE REPUBLIK
ÄQUAT. GUINEA
GABUN
KONGO
ZAIRE
UGANDA
KENIA
RUANDA
BURUNDI
TANSANIA
ANGOLA
SAMBIA
MALAWI
MOÇAMBIQUE
ZIMBABWE
NAMIBIA
BOTSWANA
SÜDAFRIKA
LESOTHO
SWASILAND
MADAGASKAR
SEYCHELLEN
MAURITIUS (GB)
REUNION (FR)
KAP VERDE